RAPPORT

SUR L'EXPOSITION

DE 1848.

RAPPORT

SUR

L'EXPOSITION DE 1848,

PRÉCÉDÉ

DE QUELQUES CONSIDÉRATIONS

SUR

L'INFLUENCE DE LA POLITIQUE SUR LES BEAUX-ARTS;

PAR LE B.ᵒⁿ DE WISMES.

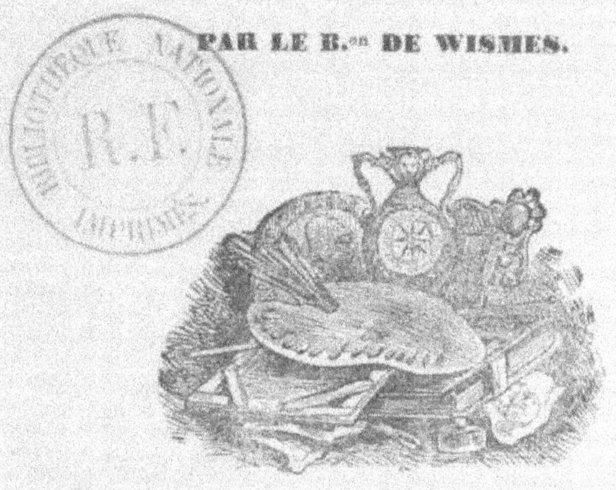

NANTES,

IMPRIMERIE DE M.ᵐᵉ VEUVE CAMILLE MELLINET.

—

1849.

RAPPORT

SUR L'EXPOSITION DE 1848,

PRÉCÉDÉ

DE QUELQUES CONSIDÉRATIONS

SUR L'INFLUENCE DE LA POLITIQUE SUR LES BEAUX-ARTS;

PAR LE B.** DE WISMES.

MESSIEURS,

Sur la proposition de M. le docteur Derivas vous avez, dans votre séance du mois de juin, nommé une commission composée de MM. Derivas, de Wismes, Seheult, Simon et Vaudier, chargée de vous faire un rapport sur l'exposition des beaux-arts qui allait s'ouvrir dans notre ville. Cette commission a désiré que je fusse son rapporteur près de vous, et, je l'avoue, loin de décliner ce périlleux honneur, je l'ai plutôt réclamé comme un noble et utile exercice donné à mon intelligence, comme une agréable diversion pour mon esprit au milieu des sombres préoccupations de la politique.

Au nom de la commission, au nom, je puis le dire sans crainte, de toute l'Académie, mon premier sentiment est de remercier vivement et les édiles de notre cité, et les membres de la commission du Musée, du zèle qu'ils ont apporté pour organiser cette exposition et la préparer à travers les circonstances les plus difficiles et les plus défavorables. Honneur à eux pour, dans un ciel sombre, avoir fait luire un instant à nos yeux la pure étoile de l'art; pour, sur la mer orageuse où notre navire périclite, agité par le flot soulevé des passions mauvaises, nous avoir tendu la main pour aborder dans cette île des doux songes où, sous le charme de féeriques illusions, s'oublient le présent et ses tristesses, l'avenir et ses fatalités. Honneur à eux, pour avoir été la providence humaine de nos artistes, et leur avoir procuré la gloire et ce qu'elle ne donne pas toujours, le pain de la famille !

L'exposition s'ouvrit le lundi 31 juillet, avec une certaine solennité, en présence des autorités de la ville et d'un nombreux public. Notre nouveau préfet, M. Marius Rampal, prononça, à cette occasion, un discours remarquable où de vastes connaissances dans l'histoire des arts, les grâces du style et les ressources d'un esprit ingénieux et délicat furent malheureusement employées à soutenir avec une hardiesse et un aplomb inconcevables la thèse la plus erronée. J'ai cru devoir en tenter la réfutation avec quelques détails, et suis, du reste, heureux que M. le préfet m'ait fourni le droit et l'occasion de traiter, comme prolégomène naturel et non sans utilité de ce rapport, ce sujet intéressant de *l'influence de la politique sur les beaux-arts*.

Que si l'Académie, en demandant ce rapport, n'avait eu d'autres prétentions que d'obtenir une sèche nomenclature où chaque numéro d'ordre du livret serait simplement orné d'un bon point ou noirci de deux mauvais; si les idées générales et philosophiques devaient rester en dehors; si les principes de l'esthétique ne devaient s'y faire place, j'aurais mal compris le vœu de l'Académie, j'aurais décliné l'honneur de me charger de ce travail.

Nous vous demandons, Messieurs, l'effort d'un moment de subtile attention, non que le sujet, pourvu surtout d'un certain intérêt d'actualité, ait besoin de se recommander autrement qu'en s'annonçant par son titre, mais parce que, escorté d'*à parte*, de cependant, de quoique, de si et de mais, de tous ces doutes, en un mot, et de toutes ces précautions d'une raison consciencieuse qui craint à chaque instant de dépasser le but ou de ne pas l'atteindre, vous pourriez voir se briser dans votre esprit distrait ce fil de la logique, seul capable de vous diriger vers les conclusions extrêmes de ma pensée.

« Le despotisme, ainsi s'est exprimé M. Rampal, fut toujours funeste aux beaux-arts. Les institutions démocratiques, ajoute M. le préfet comme complément de son opinion, sont les plus favorables au développement des facultés de l'homme. Ce sont les démocraties qui jettent le plus vif éclat dans les arts. »

Examinons. Les gouvernements démocratiques sont parvenus si rarement à s'établir que l'histoire des beaux-arts, sous ces gouvernements, ne sera pas longue à parcourir. A Athènes, ne sait-on pas que la liberté, ou plutôt la démocratie, qu'il ne faut point toujours confondre avec elle, s'était endormie dans les bras de Périclès, alors que l'art produisit ses plus inimitables modèles, et qu'elle ne se réveilla que pour envoyer mourir dans l'exil ce Phidias, qui avait consacré sa vie à diriger et orner tous les beaux édifices de sa patrie? Ne fut-ce point, d'ailleurs, sous la tyrannie de Pisistrate, que la plupart de ces monuments furent commencés, et ne sont-ce pas Démétrius de Phalère à la tête d'un gouvernement oligarchique, Adrien le tout-puissant empereur de Rome, qui les achevèrent ?

Chez les Romains, entre les deux Brutus, dans un espace de cinq siècles, sous un gouvernement républicain dont toute l'histoire intérieure se compose de celle des luttes souvent couronnées de succès, livrées par la démocratie à l'oligarchie, un seul art fut connu, celui, le casque en tête et l'épée hors du fourreau, de conquérir l'univers.

Je ne sache pas que la démocratie, je ne dis pas la République, se soit, si ce n'est à Sparte dont je parlerai tout à l'heure, établie nulle part ailleurs chez les peuples anciens, du moins de manière à fixer suffisamment notre attention. Voyons donc ce que sont devenus les beaux-arts chez les peuples modernes qui ont accepté l'empire de cette forme aventureuse de gouvernement.

Venise excepté, qui sut de bonne heure se donner des doges, son Conseil des Dix et son Sénat, et dut à cette forte organisation sa longue prospérité, la plupart des Républiques italiennes commencèrent plus ou moins par la démocratie. Leur commerce est florissant, mais des luttes impies et sanguinaires, des meurtres, des proscriptions, la licence et la dictature se renversant tour à tour, composent toute leur histoire intérieure. Ce n'est que lorsque la démocratie eut abdiqué et confié les destinées de la patrie : Gênes a des Doges, Pise et Florence aux tout-puissants Médicis, Milan a ses Grands-Ducs les Visconti et les Sforze, Bologne aux Souverains Pontifes, que vint à briller cette pléïade d'artistes immortels les Masaccio, les Donatello, les Ghiberti, les Brunelleschi, les Alberti, les Vinci, les Joconde, les Michel-Ange, les Cellini, les André del Sarte, les Rosso, les Daniel de Volterre, les Primatice, les Corrège, les Parmesan, les Carrache, les Guide, les Caravage, les Albane, les Dominiquain, les Guerchin, et cent autres qu'il serait trop long de nommer, et dont les œuvres immortelles confondent l'imagination.

Quelques mots maintenant de la Suisse. Ce pays, où l'aristocratie et la démocratie se sont longtemps balancées comme influence, mais où la démocratie semble aujourd'hui l'emporter, a fourni, nous en convenons, des hommes remarquables en tous genres. La liste en serait trop longue à faire, et d'ailleurs nous ne prétendons nullement confondre les destinées des lettres ou des sciences avec celles des arts, c'est une source d'erreur où trop sont déjà tombés. Nous ferons seulement observer qu'à l'exception de quelques paysagistes tels que Diday et Calame, qui n'auraient su trouver ailleurs de plus beaux sujets d'inspiration et dont les œuvres se sont en grande partie vendues dans les contrées étrangères, ce fut en Italie, en Sardaigne, en Allemagne, en France et en Angleterre, et surtout dans l'air des cours que se développa, dans tout son jour, le talent des Holbein, des Fuseli, des Petitot, des Constantin, des Léopold Robert. Les montagnes de l'Helvétie produisent le fer qui arme le bras des seuls rivaux que la France puisse reconnaître comme soldats : — l'or y est inconnu, l'or, qui enfante et paie les chefs-d'œuvre. Dieu seul, en travaillant pour la Suisse, n'a pas craint qu'on lui fît banqueroute le jour qu'il sculpta ce colosse de granit dont les pieds s'enfoncent dans les entrailles fumantes du globe, dont le front hérissé de glaçons se perd dans la nue, et qui se nomme le Mont-Blanc. Quelque admiration, un peu de reconnaissance et d'amour, tel est le seul salaire que demande le sublime artiste pour prix de ses créations, encore faut-il le dire à la honte de l'humanité, souvent n'est-il payé qu'en fausse monnaie.

Traversons les mers, passons aux États-Unis, et voyons si là, enfin, où la démocratie a formulé sa charte la moins imparfaite, les arts fleurissent et se développent dans un terrain qui leur soit favorable. La démocratie, ai-je dit, mais non la liberté à la vue de ces trois millions de nègres esclaves, qui me donneraient un cruel démenti ; je n'ai pas dit non plus l'égalité en présence d'une législation où tout se réduit en amende pour le riche, en prison pour le pauvre ; je n'ai pas dit la fraternité devant les orgueilleux dédains du Virginien pour le Yankee, du Yankee pour le métis, du métis pour le noir. Qu'importe, au reste, nous ne faisons point ici le procès de la démocratie, et sommes tout prêts à ramasser humblement le pinceau des Raphaël du Connecticut, le ciseau des Michel-Ange de la Pensylvanie. Hélas ! mais en attendant qu'on nous ait indiqué le chemin de leurs ateliers, nous sommes en droit d'affirmer que là encore, chez cette nation qui n'est qu'une immense société en commandite de négociants associés pour exploiter au prix des sueurs de trois millions d'esclaves les bois et les cotons du nouveau monde, les arts et la démocratie ne semblent point faits l'un pour l'autre.

Nous serions cependant injustes d'oublier un peintre de quelque renom, Benjamin West, né en Amérique en 1738. Mais nous ne prétendons pas que l'art ne puisse germer sur un sol démocratique, nous prouvons seulement qu'il s'y développe rarement. La biographie de l'artiste que nous venons de citer ne détruit pas d'ailleurs notre sentiment, car ce fut en Italie qu'il acquit son talent, en Angleterre qu'il trouva occasion de l'exercer avec succès.

Quant aux Républiques espagnoles dont les démocrates négligent toujours, non sans dessein, de nous parler, et dont les constitutions politiques offrent pourtant la plus grande analogie avec celle des États-Unis, elles semblent avoir peu gagné jusqu'ici à leur séparation d'avec la métropole. Leur commerce est ruiné, la guerre civile y est permanente, la dictature une fatale nécessité. C'est un lamentable spectacle, il est inutile de nous y arrêter ; mais notons que là encore la disette d'artistes vient donner à notre thèse une dernière et bien triste confirmation.

Par contre, examinons le sort des beaux-arts sous le despotisme ; j'entends, avec M. Rampal, le despotisme monarchique, car le despotisme peut aussi bien se rencontrer sous les Républiques, même démocratiques et sociales.

Transportons-nous par la pensée à plusieurs milliers de siècles en arrière ; pénétrons, nos vieux classiques à la main,

dans ces cités fastueuses de l'Asie, Babylone, Ninive, Persépolis, Palmyre. Que de temples! que de palais! que de statues!
que de colonnades! Revoyons-les d'ailleurs non-seulement
reproduites sur la toile par l'imagination d'un grand artiste
anglais, Martin, mais dans les admirables ruines que le
temps en a épargnées à Persépolis et à Palmyre, et dites si,
dans ces despotes fameux, les Assur, les Ninus, les Sar-
danapale, les Sémiramis, les Cyrus, les Darius, les Xer-
cès, les Zénobie, les artistes ne trouvèrent point de magnifiques protecteurs!

Pénétrons dans la Palestine, rendons-nous au temple de
Jérusalem, une des sept merveilles de l'ancien monde, où
l'or et l'argent, dit l'Écriture, étaient tellement prodigués
qu'ils en étaient devenus comme avilis; qui le construisit?
Le prince le plus puissant de la Judée, Salomon.

Voici l'Égypte. Certes, si l'art a jamais fleuri chez une
nation, c'est chez les Égyptiens. Peinture, sculpture, architecture, il s'y produisit sous toutes les formes : pyramide ou amulette, il ne recula devant aucune proportion,
et n'en regarda aucune comme au-dessous de lui. Depuis
deux mille ans, les peuples de l'Europe exploitent et pillent
tour à tour cette contrée, pour orner de ses riches débris
leurs temples, leurs places publiques, leurs musées; et la
mine semble toujours aussi inépuisable. Mœris, Aménophis,
Sésostris et tous les Pharaons, et tous les Ptolémées auraient-ils donc passé pour démocrates ou socialistes? Les
hiéroglyphes ne nous l'ont point encore appris.

Est-il besoin de continuer? Devons-nous rappeler que la
liberté de la Grèce avait de nouveau courbé son front
devant Philippe de Macédoine et son fils Alexandre,
lorsque fleurirent, protégés par eux et plusieurs même

d'entre eux, à leur cour, Praxitèle et Lysippe, Pamphyle et Apelles, Protogène et Pyrgotèle?

Nous faut-il donc relire et Tacite et Suétone, et les autres annalistes romains, pour nous convaincre que, non-seulement les César, les Auguste, les Vespasien, les Titus, les Trajan, les Adrien, les Antonin prirent les arts sous leur toute puissante tutelle, mais encore et malheureusement que ce fut sous les plus infâmes tyrans, les Tibère, les Néron, les Domitien, les Commode, les Caracalla, que furent élevés une partie des plus beaux monuments de cette Rome devenue alors la prostituée des nations? Leurs noms inscrits sur les ruines de ces édifices viennent encore cette fois confirmer le récit de l'historien. Quoi d'étonnant d'ailleurs que, rassasiés, blasés de puissance et de plaisir, ces maîtres de la terre fissent un appel à tous les arts, pour leur donner un quart-d'heure de distraction? Détruisons, disait Néron,

Détruisons Rome, afin de la bâtir plus belle!
et il le faisait.

Que voyons-nous dans les temps modernes? Presque toujours et partout les arts fleurir sous les princes les plus despotiques, sous Charlemagne, Louis XI, Louis XIV et Napoléon en France, comme sous Charles-Quint et Philippe II en Espagne, sous les Henri et les Édouard d'Angleterre, comme sous les trois Othon, les Frédéric et les Maximilien d'Allemagne.

Nous supposons d'ailleurs que, par ce terme de despotes, M. Rampal n'a voulu désigner que ces hommes si grands ou si puissants, à la voix si forte, au geste si impératif, que tout front se courbait devant eux. Que, s'il avait voulu l'appliquer à tous les princes indistinctement, oh!

alors, la réfutation serait trop facile. — Et, pour ne parler que de nos derniers monarques, demandez aux artistes
si jamais un mot plus charmant fut prononcé que cette
réponse de la duchesse de Berry à un officieux, qui pré-
tendait l'éclairer et lui demandait pourquoi sa galerie était
remplie de tableaux d'un mérite souvent bien contestable :
« Eh ! qui voulez-vous qui les achète, si ce n'est moi ? »
Ce qui n'empêchait pas les œuvres d'éclat de pouvoir se
produire à la coupole de Sainte Geneviève , aux salles du
Conseil d'État, au Musée Égyptien et à l'escalier du Louvre.

Quant au prince qui vient de tomber, si, parmi plus
d'une page polluée, il en est une qui, dans l'histoire de
son règne, brille, et sur laquelle l'indulgente postérité
pourra signer son pardon, c'est celle qui porte au recto :
Musée de Versailles ; et, sur le revers, l'image pure et res-
plendissante de la Vierge guerrière de Vaucouleurs.

L'histoire nous paraît donc démontrer et au-delà, que,
sous le système monarchique, poussé même jusqu'à la tyrannie, les arts ont brillé d'un éclat bien plus singulier que
sous les Républiques les plus démocratiques. J'ajoute que
c'en serait fait à tout jamais de leur prospérité si, comme à
Sparte, qui, en fait de monuments, ne produisit, comme
l'a dit M. Merson, qu'une pyramide gigantesque de 300
cadavres, les utopies socialistes venaient jamais à se réaliser comme un appendice indispensable de la démocratie.

Nous appelons *socialistes* , et nous l'expliquons ici parce
que chacun entend ce mot à sa manière, ceux-là qui veulent mouler l'homme à la mesure de leur système, et non
leur système à la mesure de l'homme ; et qui, négligeant
une expérience de longs siècles, regardant apparemment
l'humanité comme née d'hier, ne se bornent pas à de-

mander les seules réformes compatibles avec l'esprit et les nécessités du moment, mais veulent en agir avec cette pauvre humanité comme ferait un pédagogue avec un marmot confié à ses soins, et expérimenter sur elle, bon gré mal gré, tout un plan d'éducation conçu *à priori* dans les profondeurs de leur cerveau. Il en est de deux sortes : les uns partent du principe spiritualiste et même chrétien. Mais, abusant de l'Évangile, torturant le sens des mots et leur donnant une portée qu'ils n'ont pas, ils veulent modeler des institutions politiques sur des préceptes de morale et d'après des voies de conduite destinées à guider la conscience de l'homme sous toutes formes possibles de gouvernement et de société, formes dont le Christ, telle n'était point sa sublime mission, n'a jamais entendu se mêler. Pour tout droit, ils ne reconnaissent que le devoir. Tout homme, selon eux, qui n'accomplit pas, dans toute son étendue, la fonction qui lui est assignée de par Dieu ou son organe visible une autorité élective jouissant d'un pouvoir illimité, doit être retranché de l'arbre social comme une branche morte, et jeté au feu. L'inquisition espagnole serait assez de leur goût. Il y a, et nous regrettons de ne pouvoir démontrer ici ce que notre affirmation peut avoir de hardi et de paradoxal, il y a, dans cette doctrine, à l'insu même de plusieurs de ceux qui la professent, un singulier mélange des sombres principes du puritanisme écossais, des théories du *vertueux* Robespierre, des brillants systèmes du comte de Maistre.—Buchez est aujourd'hui leur chef; chef intelligent, chef vénéré, mais trop indécis et trop modéré selon les fanatiques de la secte. — Les autres prétendent donner à la matière une double puissance qu'elle ne s'était point connue jusqu'ici, d'une part celle de suffire à combler le cœur de l'homme, et de l'autre celle de se développer dans des proportions infinies, de se multiplier, pour ainsi dire, comme les cinq pains du désert, se prodiguant ensuite à tous avec autant de libéralité et prenant autant de goûts et d'aspects différents que pourra l'exiger le désir impétueux de nos passions. Hommes d'esprit, d'instruction et d'imagination, peu riches de simple bon sens, Saint-Simon, Fourier, Owen, Pierre Leroux, Louis Blanc, Cabet et Proudhon, tels ont été, dans ces derniers temps, les plus influents parmi ces socialistes dont le sensualisme est le dernier terme. La formule de leurs systèmes diffère, le fond est le même. Communauté de femmes, communauté de biens, pour religion la religion *naturelle*, bien que plusieurs de ces faux prophètes tiennent aussi l'Évangile à la main, tout aboutit là, et le *phalanstère*, quoi que exclament ses fondateurs, n'existera jamais qu'en *Icarie*.

Certes, si on les croit, les disciples de Fourier logent l'heureuse humanité tout entière dans des palais auprès desquels le Louvre et Versailles ne sont que des cabanes. Mais, qui ne sourit de pitié, souvent d'indignation, en lisant ces utopies qui, pour être absurdes, n'en sont pas moins dangereuses, parce que, pénétrant dans l'atelier, elles paralysent le bras de l'ouvrier en échauffant son imagination, et lui faisant rêver sur la terre le paradis de Mahomet et ces molles délices dont le vieux de la Montagne enivrait ses fanatiques adeptes ? Qui pourrait prendre au sérieux ces Raphaël maniant alternativement la charrue et le pinceau (1) ?

---

(1) M. Simon, membre de la commission, fait ici réserve de son opinion personnelle, pour ce que le rapporteur a cru devoir dire sur les doctrines de Charles Fourier.

Plus logique, Platon, tout en préconisant, erreur d'un grand génie, les doctrines socialistes, sent fort bien qu'elles sont incompatibles avec les jouissances de l'imagination, et il proscrit, poliment toutefois, de sa République, les poètes et les artistes.

Quel est, en effet, le principe suprême du socialisme? Le nivellement, c'est-à-dire l'égalité de toutes les fortunes et de toutes les positions. Dans ce système, l'or est à tous, la terre est à tous, le travail est la loi de tous, la liberté…, non! l'esclavage… le sort de tous. Que cette forme de gouvernement puisse s'établir sans trouble et sans conteste, je l'admets, j'y consens. Peut-être l'humanité jouira-t-elle alors d'un bonheur plus général, mais, à coup sûr, elle ne pourra manquer d'accueillir, à bras ouverts, l'ennui à son foyer, et de lui donner la meilleure place, s'il est vrai qu'il naquit un jour de l'uniformité. L'harmonie universelle sera peut-être plus juste et plus majestueuse, il y aura moins de discordances; mais, à travers ces gammes sans fin, la mélodie disparaîtra presque entièrement. Nous n'en sommes point encore rendus là, et cependant il est facile de le remarquer, les individualités fortes et accentuées, dans lesquelles se résume souvent, si brillamment, l'histoire de chaque époque, deviennent plus rares de jour en jour. Là où les fortunes et les positions se nivellent, les intelligences se nivellent à l'unisson. Là où il n'y a plus de vallées, il n'y a plus de montagnes, pour voir de haut, s'approcher du ciel et causer avec Dieu!

Montez à lui, rêveurs, il ne descendra pas!

C'en est fait! Adieu, beaux-arts; adieu, vous qui raffiniez nos joies et guérissiez les blessures de nos cœurs, qui gran-

dissiez nos âmes et ravissiez nos imaginations! Fleurs du
parterre de la vie, flétrissez-vous, ce sol, plaine non tout à
fait infertile, mais monotone et sans colline à l'horizon, ne
vous convient pas! Anges aux visages radieux, qui nous
révéliez les secrets du monde, des esprits, reployez vos
ailes et remontez dans votre glorieux séjour, la terre n'est
plus digne de vous! « Nous voici, dirons-nous avec M.
Reybaud, enchaînés au réel, ce vautour qui nous ronge, on
appelle cela le système de la nature; de la nature soit,
alors d'une nature polaire, car ce système n'est rien moins
que l'engourdissement complet de l'humanité. Non! il n'en
est pas ainsi. Non! l'humanité n'est point cette mer immobile et glaciale que ne visite jamais le soleil, mais bien
cet océan capricieux et profond qu'animent des brises harmonieuses, et qui réfléchit dans son miroir les teintes chan-
geantes du ciel! »

Abordons désormais sans crainte cette seconde et si sé-
duisante, au premier abord, proposition de M. Rampal :
Les arts progressent avec les institutions, ils déclinent
avec elles... Certes, si nous admettions ceci, nous aurions
beau jeu pour attaquer, au point de vue du progrès, les idées
démocratiques, puisque, l'histoire en main, nous avons
prouvé que les arts se sont rarement bien trouvés de leur
rencontre avec elle. — Mais alors Commode et Néron, sous
qui les arts ont brillé du plus vif éclat, seraient donc le
progrès? Notre pensée recule épouvantée, nous cherchons une solution, et bientôt frappés des mille contradic-
tions que l'histoire de l'art nous présente ici, nous en concluons que fausse, le plus souvent, et nous le regrettons,
la proposition de M. Rampal ne doit point cependant être
rejetée d'une manière absolue. Supposons-la vraie pour une

nation, à plus forte raison devrons-nous en retrouver l'application plus visible encore dans l'histoire de l'humanité prise dans son ensemble. Or, n'est-il pas évident qu'aux peuples modernes appartient seuls le droit d'inscrire sans mensonge sur leurs monuments : Liberté, égalité, fraternité ; sublime trinité de principes qui résout le grand problème du bonheur le plus complet de l'homme ici-bas. L'antiquité ne s'en est pas doutée, elle qui s'écriait par la voix d'un de ses sages et de ses patriotes les plus vénérés, Caton l'ancien : « Autant que possible, nourris tes esclaves d'olives tombées ; donne-leur ensuite les olives de la saison dont on pourrait tirer le moins d'huile. Ménage-les (*parcito*) afin qu'elles durent le plus possible... Vends tes vieux bœufs, tes vieilles charrues, ton vieux fer, tes vieux esclaves, tes esclaves maladifs. » Et cependant allez vous asseoir en face des ruines du Parthénon et devant les colonnades de Callicrate et d'Ictinus, à la vue des bas-reliefs de Phidias, dites-nous si l'art est en progrès. Le plus grand peintre de cette époque, M. Ingrès, vous dictera la réponse. Il s'extasiait un jour devant un fragment de poterie antique qu'on venait de découvrir, et comme on s'étonnait de l'ardeur de son enthousiasme, je donnerais, s'écria-t-il, toutes mes œuvres, pour avoir de cette main, à laquelle on veut bien reconnaître quelque habileté, modelé ce morceau de terre !

A ne considérer au contraire, par exemple, que notre propre histoire, nous voyons, à certaines époques, les progrès et la décadence des arts et de la politique suivre une marche presque parallèle. C'est ainsi que les formules politiques et artistiques du Moyen-Age reçoivent à la fois, au XIII.ᵉ siècle, leur plus complet développement. Par contre, la décadence des arts correspond au XVIII.ᵉ siècle, à la désorganisation des grandes institutions monarchiques qui, sous Louis XIV, avaient mis la France à la tête des nations. — Mais, sous les Valois, ne voyons-nous pas, tandis que l'esprit moderne commence à peine à surgir, que la science politique se cherche encore, marche comme à tâtons, et ne laisse en définitive dans la mémoire des peuples que la négation de la liberté de conscience, les empoisonnements et les assassinats passés à l'état de moyens discutables dans les conseils des princes, le massacre de la Saint-Barthélemy enfin, et l'institution des Mignons, ne voyons-nous pas l'art s'élancer d'un bond de géant à l'extrémité de la carrière, et désespérer à jamais par le ciseau de Jean Goujon et les portiques de la cour du Louvre, les efforts impuissants des sculpteurs et des architectes futurs?

M. Rampal, je le sais, appelle la Renaissance le commencement de la chute; il le devait, car un paradoxe en appelle toujours d'autres pour soutien. Il oubliait, en répétant celui-ci, qui n'est pas d'hier, que, selon la pittoresque expression de M. Michelet, le Moyen-Age, ruiné dès le XIVe siècle, avait, au XVe, ruiné ses ruines; que la place était vide ou plutôt encombrée de matériaux écroulés, et que, loin d'avoir rien démoli, la Renaissance fut, au contraire, obligée de tout reconstruire à neuf. — Quant à nous, en fa't d'art, nous souhaitons souvent de pareilles chutes.

Puis il arrive aussi, comme pour mieux dérouter encore toute règle certaine et précise, que les branches diverses des beaux-arts ne se développent pas toujours d'une manière égale à telle ou telle époque. Ainsi, c'est alors que l'architecture ogivale tend vers sa décadence et sa chute, que la sculpture arrive à son plus haut point de perfectionnement. Ainsi, nous voyons au XVIe siècle la sculpture encore, mais cette fois devenue païenne, prendre, ainsi que l'architecture, l'essor le plus radieux, et ce n'est que sous Louis XIV, lorsque l'architecture perd une partie de sa grâce et de son élégance, que la peinture française reçoit de Lesueur, du Poussin et de Claude Lorrain, le droit de donner l'accolade à la peinture italienne et de s'en déclarer l'héritière.

Nous voici donc menés à conclure qu'au-delà ou en deçà de la politique, mille causes diverses influent sur les progrès et la décadence des beaux arts.

Et cela est tout simple. L'artiste généralement s'occupe peu de politique, et, même au milieu des cours, il vit dans une sphère de poésie et d'imagination bien supérieure aux misérables intrigues qui s'agitent autour de lui. Il prend à cœur les grands intérêts de l'humanité ; mais l'occasion lui est rarement accordée d'influer sur eux en quoi que ce soit.

Les formes dont le type idéal ne variera jamais, les passions qui sont aussi éternelles, tel est le vaste champ de ses études et de ses œuvres. Tous les temps et tous les pays lui appartiennent. Que si, d'ailleurs, par éducation, par nécessité, par les bornes naturelles de son esprit, il se rend le plus souvent l'interprète des passions les plus développées de son époque, il y trouve une source non toujours égale, du moins toujours suffisante d'inspiration ; un rapide tableau des diverses transformations de l'art ne sera pas inutile pour le prouver.

Au Moyen-Age, l'art est éminemment religieux. Puis, quand, sous la bienfaisante tutelle de l'église, l'humanité a grandi et qu'elle se sent des forces, elle commence, usage familier à tous les pupilles, à se railler de son tuteur, et la satire

s'introduit jusque sous les voûtes des cathédrales. Le XVI.ᵉ
siècle arrive, le Christ et sa croix ne suffisent plus à rem-
plir le cœur humain, et voici que, pour tâcher de le combler,
la terre s'entr'ouvre et laisse échapper Apollon, dieu du jour
plein de grâce et de majesté; le bel Antinoüs; Hercule,
qui, de ses bras puissants, briserait tous les saints éthiques
des vieilles basiliques; Vénus, aux formes amoureuses;
Mercure, dont Jean de Bologne se hâte de reproduire la
taille élégante et juvénile avant que, délivré de son long
esclavage, il ait repris son vol vers les voûtes de l'empy-
rée. La lutte se dessine nettement entre les deux mondes,
entre celui de la chair et celui de l'esprit, entre le paga-
nisme et le christianisme. — C'est le Titien qui, d'une
main, nous peint les maîtresses des grands ducs, et, de l'autre, nous retrace le Christ au roseau, et l'Assomption de la
Vierge. C'est Jean Goujon, qui nous invite à la pénitence
devant son Christ au tombeau, et à la volupté devant Diane
de Poitiers; c'est Michel-Ange, qui fait retentir à nos
oreilles les trompettes du Jugement Dernier, et reproduit
l'impur Ganimède enlevé dans les airs par l'aigle de Jupiter; c'est le Vinci, qui nous fait comprendre les sublimi-
tés de la Cène, et qui reproduit avec amour la Joconde et
la belle Ferronnière; c'est Raphaël enfin, qui nous élève avec
lui sur le Thabor, et tout à la fois écarte les voiles de sa
Fornarine, pour nous la faire admirer et nous faire dire:
On pouvait bien mourir pour elle!

Peu à peu s'est opéré le pacte entre les deux tendances,
la fusion entre les deux courants; le mysticisme a disparu,
mais Jupiter n'a pas vaincu. La Vierge demeure chaste,
mais le caractère de mère apparaît chez elle de plus en
plus; ses bras ne sont plus collés à son corps, ils se sont

ouverts pour nous protéger tous. Un voile couvre toujours son sein ; mais ce sein s'est gonflé tout prêt à allaiter tout le genre humain. Le Christ demeure encore chef de la doctrine de vie, mais en lui le caractère du juge s'efface insensiblement, le père seul demeure pour être notre ami et notre soutien. L'apôtre n'est plus seulement un messager d'un Dieu terrible, c'est un philosophe. — A son tour, Vénus l'impudique n'osera plus se montrer au grand jour ; Hercule le musculeux, Diane, Apollon, Mercure n'auront plus d'autels; mais il est reconnu qu'après tout la beauté est le génie de la femme, et que des formes harmonieuses peuvent se rencontrer avec une belle âme. La nature extérieure ne devient point la mère, la génitrice du genre humain, mais l'homme n'y voit plus seulement une arène pour combattre et vaincre ses passions ; il aime dans ses champs le lieu de son travail de chaque jour, dans ses bois celui de ses rêveries, dans les eaux de ses fleuves qui se rendent à l'Océan, il trouve la mélancolique image de sa vie qui s'écoule et va se perdre dans l'éternité, et songe à l'infini en contemplant ses perspectives et ses vagues horizons. Inutile d'ajouter que, de cette grande école qui commence à la fin du XVIe siècle pour se prolonger jusque vers le commencement du XVIIIe, le plus illustre représentant est le Poussin, et que, pour en avoir le résumé le plus complet, il faut nous placer devant le merveilleux tableau des bergers d'Arcadie, où le grand artiste a représenté de beaux jeunes gens qui tout à coup s'arrêtent au milieu de leurs danses, frappés par l'inscription d'un tombeau autour duquel ils se livraient à leurs joies : Et moi aussi je fus pasteur en

Arcadie ! — Le paysage est antique, les costumes sont antiques, les formes sont antiques, mais l'expression et la pensée sont chrétiennes.

Comment de la lutte des jésuites et des jansénistes résulta l'indifférence ; comment, engendrés de Descartes, Bayle le sceptique, Spinosa le panthéiste, produisirent le prince de l'incrédulité, Voltaire, ce n'est ici ni le temps ni le lieu de l'exposer. Nous posons le fait : arrière principes et croyances, place, place à la duchesse de Falaris, à la Parabère, à la Châteauroux, à la Pompadour ! Vive la comtesse du Tonneau, vive la Du Barry ! Cassons les parlements sauvegardes de nos libertés ; vive la Bastille, Vincennes et les lettres de cachet ! Dans cette société sans mœurs, sans Dieu, folle, dévergondée, dans ce naufrage général, dans ce sauve qui peut de tous les honnêtes gens, que va devenir l'art ? l'art va se mourir ! l'art !.. Accourez, accourez et couronnez nos têtes de roses, enlacez-nous de guirlandes, chargez nos mains de houlettes enrubanées, formez autour de nous la ronde voluptueuse des bergères de Cythère et des prêtresses d'Amathonte, et donnez-nous le plus gracieux démenti, vous qui naquîtes lors du funèbre déclin de la grande monarchie, et mourûtes avant la non moins funèbre aurore de l'ère moderne, Watteau, Lancret, Pater, Vanloo, Boucher, Fragonard ! Que dis-je ? Voilà 93 qui flétrit nos roses parfumées, rompt nos guirlandes, brise nos houlettes, et comme baisers ne nous accorde que celui de la guillotine ! que va devenir l'art, l'art va se mourir, l'art !.. Oh ! non il ne mourra pas, l'époque est horrible, il se fera horrible ; mais c'est bien encore l'art qui a signé, par la main de David, cette page sanglante qui vous glace et vous fait frémir, la mort de Marat !

De la licence à l'empire, ou plutôt du despotisme de la multitude au despotisme d'un seul il n'y a qu'un pas. Napoléon arrive, on l'attendait. L'Europe devient un camp. Désormais, c'est sur les champs de bataille que le scalpel en main nos artistes vont faire leur apprentissage et étudier comment se gonfle la poitrine d'un mourant, comment ses yeux s'illuminent, quand, avant d'expirer au milieu de la fumée et des dernières balles de l'ennemi, il aperçoit triomphant son noble drapeau.

Que dire maintenant de l'art contemporain? où trouver sa direction, sa loi? Sa loi, mais s'il en avait une, il ne réfléchirait plus notre société. Pauvre artiste! jugez quel est son embarras à une époque sinon sceptique, ce qui est le caractère des siècles de décadence, du moins chercheuse, ce qui indique une nouvelle renaissance. Il a longtemps étudié dans les ateliers; il a dessiné d'après la bosse et le modèle vivant; il sait comment s'attache une omoplate, et que pour peindre la colère il faut faire froncer les sourcils, et pour la volupté entr'ouvrir les lèvres. Il est plein de zèle, de talent, de génie. Ses pinceaux sont dans sa main, sa palette est chargée de couleurs, devant lui est sa toile; un chef-d'œuvre est tout prêt à sortir de son imagination vaste et mobile. Mais que voulez-vous, que désirez-vous, que croyez-vous surtout? Il vous épie l'œil sur votre œil, il vous écoute en écartant ses longs cheveux, l'oreille découverte et tendue; mais répondez de grâce, répondez. (Et que l'on ne voit ici nulle intention satirique, que la dignité de l'artiste ne s'en trouve point rabaissée; mais après tout peut-il ne faire des toiles que pour en couvrir son grenier, des projets

de palais que pour en gonfler ses portefeuilles , des statues
des Dieux que pour en orner éternellement son foyer do-
mestique?) — Si faible donc que nous ayons daigné faire
un signe, nos artistes l'ont interprété de manière à conten-
ter les plus exigeants. Il y a chez nous, avons-nous dit,
ennui et profond dégoût; 50 ans de discordes politiques
ont fatigué notre énergie ; 30 années de paix ont amolli
nos cœurs et engourdi nos intelligences. Les voyages sont,
dit-on, une source puissante de distraction, ils..... — Les
voyages! vite en poste, au galop! au galop! Vents, souf-
flez et enflez nos voiles; dromadaires, ployez vos genoux
pour nous recevoir sur vos dos escarpés! et maintenant
voyez: voici l'Égypte, voici la Syrie avec leurs pyramides,
leurs obélisques, leurs nécropoles, leurs dômes, leurs mi-
narets, leurs palmiers. Quelle variété de races! que
de splendides costumes! que de haillons non moins splendides, du moins sous les habiles pinceaux des Marilhat et
des Decamps! Grands artistes, merci! vous nous évitez les
fatigues d'un long voyage. Pourquoi irions-nous saluer le
soleil en Orient, puisqu'il brille sur vos toiles d'un éclat non
pareil? — Aligny nous transporte dans les sites poétiques
et sévères de l'antique Hellénie; puis, avec Bonington et
Joyant, nous nous plongeons dans les flots bleus de l'A-
driatique, nous frémissons devant le pont des Soupirs.
Gudin nous éblouit dans les sables d'Afrique; Biard nous
glace dans les neiges de la Scandinavie. Édouard Bertin,
Flandrin et vingt autres, nous font parcourir les ruines
de la campagne de Rome. Jollivet nous entraîne vers
l'Espagne, et Leleux nous empêche longtemps d'en sortir;
mais il nous ramène enfin dans notre cher pays, en tra-

versant la Bretagne, cette curieuse contrée où le Moyen-Age semble s'être survécu à lui-même dans ses mœurs, ses croyances et ses costumes.

Le drame, avons-nous dit encore à nos artistes, le drame pourrait aussi nous procurer de fortes émotions. — Le drame ? Oh! voici du noir, voici du rouge, voici des poignards, des haches, des billots, des cachots, des bûchers, des bourreaux! Sortez de vos tombes sanglantes, ombres des enfants d'Édouard, de Jeanne Grey, de Charles I.er et de Strafford ; Bonnivard secoue tes chaînes pour t'élancer vers ton jeune frère et recevoir son dernier soupir ; moines barbares allumez vos torches, et conduisez au supplice ces innocentes victimes de la fidélité à leur croyance. — Bien ! très-bien, Delaroche, Robert Fleury, Eugène Delacroix, nous vous remercions, vos œuvres ont donné à nos nerfs une tension favorable. Mais, de grâce, un peu de repos. Vous êtes habiles médecins, n'abusez pas du remède.

Quelles qu'aient été enfin nos moindres fantaisies, qu'elles se soient portées vers l'antiquité, l'époque romane, le moyen-âge, la renaissance, le rococo, qu'elles aient été spiritualistes ou matérialistes, religieuses ou profanes, nos artistes ont tout deviné, et, à nos moindres désirs, ont répondu par des œuvres d'éclat.

Si donc, d'une part, l'artiste trouve dans les passions de l'homme une source intarissable d'inspiration, et de l'autre, si les beaux arts sont loin d'avoir toujours progressé avec les meilleures, décliné avec les pires institutions politiques, nous sommes conduits, comme nous l'avons déjà dit, à rechercher, en dehors de ces institutions, d'autres causes de cette prospérité ou de cette décadence.

Ces causes sont ou générales ou particulières; les exposer toutes, surtout les dernières, nous mènerait trop loin, nous nous contenterons ici d'en indiquer quelques-unes.

Et, d'abord, n'est-il pas évident que l'opulence, soit du prince, soit de l'église, soit des particuliers, est un des plus puissants moteurs de l'éclat des beaux-arts? Des temples, des palais, de somptueux manoirs à décorer, offriront toujours le théâtre le plus favorable aux artistes pour déployer à leur aise toutes les richesses de leur imagination : que quelques artistes éminents, opprimés et tenus à l'écart par la jalousie de leurs confrères, soient morts avant l'heure d'une juste gloire, je ne le nie pas, mais ces exemples isolés ne prouvent rien, non plus que cette incapacité notoire de certains peuples, comme les Anglais, à faire germer, malgré tous les trésors, les beaux-arts sur leur sol. Chaque race a ses aptitudes particulières.

Mais, nous dira-t-on, cette opulence de l'état ou des particuliers n'est-elle point le résultat de fortes, grandes et belles institutions? Il est loin d'en être ainsi. — Les Anglais que nous venons de citer ont, de tous les gouvernements, le plus aristocratique et le plus impitoyable pour le prolétaire. Descendez dans leurs mines de fer ou de charbon, et vous saurez au prix de quelles douleurs s'acquièrent les trésors de cette nation égoïste.

Le gain tiré du travail des serfs ou des esclaves, le pillage à la suite des guerres, des exactions sur les provinces conquises, des impôts exorbitants, des confiscations, mille causes enfin, plus ou moins blâmables, ne viendraient que trop souvent, si le temps ne nous manquait pour le prouver, expliquer la source impure de bien des trésors. Saint-Pierre de Rome n'a-t-il pas été construit grâce aux immenses richesses que rapportait à la papauté le trafic illicite des indulgences? — Indiquons, en second lieu, comme une cause générale de progrès, l'influence des hommes supérieurs qui surgissent et donnent l'élan à certaines époques, sans que rien, dans la politique, vienne expliquer par quel singulier phénomène ils ont tout à coup entrevu la lumière et dépassé de toute la hauteur qui sépare le génie de la médiocrité ceux qui les ont précédés. — Enfin, ne voyons nous pas que ces brillantes périodes coïncident presque toujours avec l'apparition au pouvoir de protecteurs éclairés des beaux-arts, véritables *amateurs*, dans toute la force de l'expression, sacrifiant au beau, non moins qu'à l'utile, lui consacrant les économies, non-seulement de leurs trésors, mais de leur temps, et prisant l'acquisition d'un tableau de Raphaël ou la découverte d'une statue antique à l'égal de la prise d'une ville ou du gain d'une bataille! Nommer Périclès, Auguste, Léon X, François I.ᵉʳ, Charles-Quint, Charles II d'Angleterre, et, de nos jours, le roi Louis de Bavière, c'est expliquer suffisamment notre pensée.

Parmi les causes particulières de prospérité, nous citerons, par exemple, chez les Grecs, le soin constant apporté au développement physique de l'individu, la beauté de la race, l'élégance des mœurs, leur corruption même, qui donnait aux courtisanes le droit de paraître publiquement dans les fêtes et dans les banquets, et de s'asseoir à côté des plus chastes matrones; chez les Grecs encore et sous les Empereurs romains, le goût des jeux du Cirque poussé jusqu'à la dernière fureur. Pourrions-nous, aux

XIIe et XIIIe siècles, méconnaître l'immense influence
exercée sur l'art par les souvenirs rapportés de l'Orient par
les Croisés? Les artistes byzantins, émigrés à la suite des
fréquentes révolutions de leur pays, ne furent-ils pas, surtout à Venise, au XIe siècle, les premiers instituteurs de
l'art italien? Et, quatre siècles plus tard, la découverte des
chefs-d'œuvre antiques ne vint-elle pas donner un magnifique élan aux grands artistes de Rome et de Florence? Ne
fût-ce pas l'Italie, à son tour, qui nous donna de doctes leçons lors des guerres entreprises par nos Rois, dans la pé-
ninsule, dans de simples vues d'agrandissement de terri-
toire? Enfin, et ce sera notre dernier exemple, n'est-ce pas
au fanatisme iconoclaste des Protestants qu'on peut attribuer, en partie, cette immense réaction catholique dont le
dernier mot fut la Transfiguration?

Si nous passons maintenant aux causes générales de la
décadence des beaux-arts, il est évident que, par contre,
avec les motifs que nous avons indiqués comme contri-
buant à leur prospérité, nous trouverons, en premier lieu,
la ruine des États et des particuliers. — Or, serait-ce que
cette ruine concorderait avec celles des institutions? Le
plus souvent, non; et même, en thèse générale et pour nous
conformer aux idées modernes, nous pourrions dire qu'elle
tient à leur progrès, puisque, de plus en plus, elles ont
tendu et tendent à l'annihilation de toutes les supériorités
sociales et de tous les priviléges de position ou de fortune,
et ce n'est qu'en envisageant les Républiques démocratiques à ce point de vue que nous avons pu justement affirmer qu'elles étaient moins propices aux arts que les gouvernements aristocratiques.

Quelquefois aussi, et même souvent, cette ruine des empires tient à des causes tout à fait indépendantes de la politique. — C'est ainsi, et cet exemple frappant suffira, que Christophe Colomb, en découvrant l'Amérique en 1492, et quelques années plus tard, Vasco de Gama, en doublant le cap de Bonne-Espérance et montrant la route des Indes, changèrent de telle sorte les habitudes et l'avenir commercial des Européens, que s'ensuivirent la prospérité et la richesse de l'Angleterre, des Pays-Bas et de l'Espagne, tandis que les Républiques commerçantes de l'Italie, ces uniques courtières jusque-là des productions orientales, virent tarir en peu de temps, pour ne la voir jamais se raviver, la source de leur fortune.

De même, si nous avons vu chez presque tous les peuples une époque remarquable entre toutes, où les arts semblent tout d'un coup s'élever presque d'un seul jet, et sans préambule suffisamment explicatif, à une hauteur démesurée, nous devons, dans cette supériorité même, trouver pour les générations suivantes une cause inévitable de décadence.

Rencontrant, en effet, sur presque toutes les routes du beau les œuvres de glorieux devanciers, elles ne pourront en faire que des imitations plus ou moins heureuses, sous peine, en voulant se frayer quelque voie nouvelle, de n'arriver souvent qu'au bizarre, au maniéré et au prétentieux, en cherchant l'original. Croire dans les arts comme en nulle autre chose, sauf dans les sciences d'observation, au progrès indéfini, c'est rêver une chimère.

Se trouva-t-il jamais, lorsque la grande école artistique du XVI.ᵉ siècle se fut couchée dans sa glorieuse tombe, un artiste assez présomptueux pour prétendre surpasser Raphaël et Léonard de Vinci dans l'élégance et la correction du dessin, dans la représentation des mystères sublimes ou attendrissants de la religion; Michel-Ange dans le terrible, Corrége dans le gracieux et la magie du clair-obscur, l'un et l'autre de ces deux artistes dans la science des raccourcis; Jules Romain dans la fécondité de l'imagination ; Tintoret dans la fougue du dessin, la hardiesse du pinceau ; Titien, Giorgione et Véronèse, dans la beauté de la couleur, la solidité des chairs, la magnificence des costumes, la richesse de la composition ?

La route, cependant, était encore belle à parcourir et ne fut pas suivie sans honneur par les Carraches, le Dominiquin, l'Albane, le Dolce, le Caravage, le Guide, le Guerchin, Poussin, le Sueur, Claude Lorrain, Salvator Rosa, Champagne, Mignard, Jouvenet, Rigaud et quelques maîtres des écoles d'Espagne, des Pays-Bas et d'Allemagne. Mais, qu'ils sont rares depuis, ceux qui sont vraiment dignes d'inscrire leurs noms, du moins comme artistes créateurs et originaux, à côté de ceux de ces glorieux devanciers, non que le talent leur ait manqué, non parfois même le génie, mais parce que ce génie identique à un ou deux siècles de distance avec celui d'un de ces grands hommes, a dû naturellement se formuler dans des œuvres analogues aux siennes, et qui ne passeront jamais que pour d'habiles imitations! Watteau, Boucher, Greuze, Gros, Prudhon, Géricault, Bonington, Charlet, Decamps, Delacroix, Vernet, Delaroche, Léopold Robert, tels sont presque les seuls noms qui se puissent citer comme ceux d'artistes ayant su réellement montrer de l'art quelque nouvel aperçu, et cela est si vrai que l'artiste, après tout, peut-être le mieux organisé de notre siècle, M. Ingres,

n'a su, tant il s'est perdu dans la contemplation de Raphaël, produire que d'admirables pastiches de ce prince de
la peinture.

La même observation s'applique également à tous les
peuples; chez les Flamands, et nous pouvons en parler
ici *de visu* sous le souvenir d'impressions reçues dans le
cours de divers voyages en Belgique, il ne se rencontre plus
comme peintres d'histoire ou de portrait, que des imitateurs de Rubens, de Vandick, de Jordaens ou de Rembrandt;
puis, à tous les degrés de l'échelle des arts, des faiseurs de
fac-simile plus ou moins habiles de Teniers, d'Ostade, de
Berghem, de Ruysdaël, de Dujardin, de Wouwermans, de
Gérard Dow, en un mot, de tous les maîtres des XVI.ᵉ et
XVII.ᵉ siècles. — Chez les Espagnols, Velasquez et Murillo
sont toujours les chefs de l'école; quant aux Allemands,
pendant trois siècles ils ont copié Albert Durer, Holbein,
Cranach et Lucas de Leyde, et ce n'est qu'aux efforts per-
sévérants du roi de Bavière que l'on doit l'extension donnée
depuis quelques années par les artistes de ce pays au cercle
de leurs imitations.

De même, nous ne pouvons douter qu'en Grèce l'impos-
sibilité trop démontrée de lutter avec chance de succès contre
les grands artistes de l'époque de Périclès et de celle d'A-
lexandre n'ait été pour les artistes postérieurs une cause
inévitable et profonde de décadence. Enfin le savant Mil-
lin vient ici confirmer notre opinion, en signalant cette cause
comme la plus vraisemblable de la chute des arts chez les
Romains. « Les auteurs, dit-il (Hist. des Arts en Angleterre, tome 1.ᵉʳ, page 239), qui ont fait les recherches les
plus utiles, sont dans l'indécision pour fixer l'époque exacte

de l'extinction des arts à Rome. Quelques-uns n'admettent aucune preuve de leur existence après les Gordiens ; d'autres étendent l'époque de leur chute jusqu'au règne de Licinius Galliénus, l'an de l'ère vulgaire 268. On peut donner plusieurs raisons de la cessation des arts. La vénération des Romains pour leurs ancêtres avait rempli leurs maisons de statues qui décourageaient les efforts des derniers temps par leur supériorité évidente. Leur nombre, ainsi que leur excellence, s'opposaient à l'émulation des artistes qui manquaient également de talent et d'encouragement. Cassiodore assure que le nombre des statues qui était à Rome égalait presque celui de ses habitants à l'époque de sa plus grande population. »

Quant aux causes accidentelles de décadence, nous indiquerons seulement, en manière d'exemple, en Grèce, le pillage plusieurs fois renouvelé des monuments, par les divers conquérants et surtout par les Romains, sous le consulat de L. Mummius, l'an 146 avant Jésus-Christ. — Les invasions des barbares dans l'empire d'Occident ; — en Orient, la secte des Iconoclastes dont les doctrines, avec de semblables résultats, se renouvelèrent depuis chez les Vaudois, les Albigeois, les Hussites et les Réformés ; — au Moyen-Age, les préjugés religieux qui s'opposaient aux études anatomiques ; — à Rome, l'affaiblissement de la papauté sous l'effort des prédications de Luther et de Calvin, et plus tard, de l'esprit philosophique ; — en France, enfin, à la fin du XVI.ᵉ siècle, l'acharnement des guerres de religion ; et, pendant la Révolution, la terreur répandue par les échafauds en permanence.

De toutes ces causes de prospérité ou de décadence, soit politiques, soit autres, soit générales, soit particulières, se remplaçant, se croisant, se combattant l'une l'autre, nous concluons, pour nous résumer, qu'il serait difficile, pour ne pas dire impossible, sans un effort d'analyse très-long et très-subtil, de découvrir comment telle époque donnée se trouve juste dans telle ou telle mesure de chute ou de prospérité. En ne saisissant, en effet, qu'une seule de ces causes et faisant, volontairement ou non, abstraction des autres, on peut arriver a des résultats absolument contraires, et trouver des arguments au service de toutes les opinions.

Mais cependant les plus saines théories, d'accord avec 8,000 ans d'expérience, semblent démontrer, d'une part, que les arts ne sont pas liés aux institutions politiques d'une manière indissoluble dans leur progrès et dans leur décadence; et de l'autre, que les gouvernements monarchiques ou aristocratiques sont les plus favorables aux arts, ce qui ne veut point dire (*surtout en* 1848) que ces gouvernements soient supérieurs aux démocraties, car les arts, après tout, nous le concédons avec regret, ne sont nullement indispensables au bonheur de l'humanité.

Maintenant donc que les paradoxes de M. le Préfet n'ont plus le droit de préoccuper, par leur étrangeté, notre intelligence et les habitudes de notre esprit, entrons enfin dans les salles de l'exposition ; revenons-y dès demain, revenons-y tous les jours, pour, qu'à chacun de nos jugements, surtout de ceux où le blâme égalera ou dépassera la louange, l'artiste ne puisse s'inscrire en faux contre notre opinion, en arguant du moins de notre négligence et de notre inattention à examiner ses œuvres. — Nous ne parlerons cependant de tout ni de tous, mais le silence n'est-il pas souvent la politesse du critique ?

Ce n'est point métier facile que celui de critique, et, si ce n'eût été lâcheté, nous eussions, certes, couvert du voile de l'anonyme, notre responsabilité. Comment concilier, en effet, le public et l'artiste dans leurs exigences? L'un qui, à part quelques œuvres dont il s'engoue avec exagération, se complaît dans la satire, et veut, pour me servir d'une expression vulgaire, des ragoûts épicés; l'autre, qui trouve toujours l'éloge au-dessous de son travail, parce qu'il juge ce travail à la mesure de ses efforts? Nous y tâcherons par notre franchise. Puisse-t-elle, aux yeux du public, nous tenir lieu de malice, et, à ceux des artistes, d'indulgence! Puissions-nous surtout, c'est notre vœu sincère, si nous avons à nous tromper, poser plutôt l'erreur dans le plateau de la louange que dans celui du blâme.

Quelque peu artiste nous-même, nous savons combien blesse profondément au cœur une acerbe critique, et que son unique effet est d'ordinaire un découragement stérile. Pourquoi ne pas prendre des gants pour amortir le coup que vous voulez frapper? Il y a d'ailleurs si peu d'œuvres complétement mauvaises. De cet artiste ne peut-on pas dire: l'intention est excellente, il est fâcheux que l'exécution n'y réponde pas; et de cet autre: quelle main! quelle fière brosse! il eût été désirable qu'elles fussent mises au service d'une meilleure pensée? Votre bras droit, direz-vous à celui-ci, est mal attaché, mais le gauche vaut pour deux; et, à celui-là: vos draperies sont traitées d'un grand style, mais vous auriez mieux fait de voiler ainsi tout votre personnage.

Pénétrez avec moi, ô vous qui, n'ayant jamais tenu un crayon, prodiguez tout haut et d'un air suffisant, en parcourant les salles de l'exposition, ces termes de médiocre,

mauvais, abominable, sans réfléchir que souvent l'artiste
est derrière vous, que sa femme ou sa fille, témoins de
ses longs efforts, vous épient pour recueillir quelque bonne
parole à l'endroit d'un père, d'un époux bien aimé ; pénétrez, dis-je, dans l'atelier de ce pauvre artiste, voyez-le
assidu à son travail, non la plupart du temps, comme vous
vous l'étiez représenté, l'air gai, joyeux, insouciant, mais
plutôt sombre et préoccupé ; car, voyez près du feu, dans
ce grand fauteuil est son vieux père paralytique ; en face, sa
bonne mère lit ses patenôtres ; sa jeune femme est derrière
lui, qui tantôt suit les progrès de l'œuvre qui s'avance, et
risque à tout hasard quelque éloge qui témoigne plus de la
bonté de son cœur que de la justesse de son goût ; tantôt couve
d'un regard attendri son dernier nourrisson, endormi sur son
sein. Ce tableau que l'artiste ébauche, qu'il efface, qu'il recom-
mence, tantôt avec l'ardeur du génie, tantôt avec le découragement de l'impuissance, c'est le pain de son vieux père, le
pain de sa vieille mère, le pain de sa femme, le pain de ses
enfants ! Désormais, croyez-moi, soyez plus sobre d'épi-
thètes malencontreuses, et si le manuscrit de votre rendu
compte est achevé, relisez-le, de peur, par une de ces critiques qui ressemblent à des coups d'assommoir, de priver
toute une famille de son unique gagne-pain.

Pauvre artiste, en effet, les yeux qu'il fait faire à ses
élèves ne louchent certes pas plus que ceux des élèves de
son rival ; leurs profils d'Achille ne sont pas moins majes-
tueux ; leurs Vénus ne sourient pas avec moins d'agrément ;
leurs Minerve n'ont pas la physionomie moins noblement
ennuyeuse ; n'importe, si les bons parents qui, pour la
plupart, ne s'y connaissent guère, viennent à lire, en par-

courant négligemment le feuilleton de leur journal, que le Raphaël du crû chargé de montrer à leurs marmots l'ABC des beaux-arts n'est qu'un misérable crouton, un faiseur de bons-hommes, voilà qu'à la première occasion favorable, un rhume de l'écolière, un voyage à la campagne, une révolution de Février ou autre, on congédiera poliment le malheureux professeur. Déjà ses élèves faisaient passablement les oreilles droites ; hélas ! ce sera son rival qui enseignera les oreilles gauches !

Maintenant, suivez-moi au bord de cet étang solitaire. Le jour vient de se lever ; n'apercevez-vous pas sur la surface de cette onde immobile quelque chose qui surnage et ressemble à une figure humaine ? Approchons, peut-être il est temps encore de sauver un infortuné. Le voilà déposé sur la rive, hélas ! mais la vie a complètement disparu, le cœur ne bat plus, les yeux sont vitrifiés par le trépas ; ce devait être un beau et robuste vieillard. Mais s'est-il donc noyé volontairement ? sa mort est-elle le produit d'un crime ? Oh ! voici sa carte, il a pris soin de la déposer sur le rivage... Ce nom, l'avez-vous lu ? Je frémis et me trouble, car ses assassins, c'est vous, c'est moi, c'est le public ; tous, nous nous sommes jetés comme des lâches sur ce vieux jouteur redescendu, faiblesse bien pardonnable au vieillard jadis couronné des jeux olympiques, une dernière fois dans l'arène, et dans l'auteur d'Hercule écrasant Diomède, nous n'avons point reconnu le peintre d'Aboukir, des Pyramides, d'Arcole, d'Eylau, et des pestiférés de Jaffa, *le baron Gros*. Il est mort sous les traits aiguisés d'une critique envieuse et de ce dénigrement ingrat qu'il ne faut point, dit M. Charles Blanc, pardonner même à qui les improvise ; ne l'oublions jamais !

De l'aveu de tous, l'exposition de 1848 est la plus brillante qui se soit encore vue à Nantes, et nous avons d'autant plus lieu d'en être fiers que, sur 117 exposants, 42 appartenaient à notre cité et étaient représentés par plus de 200 œuvres, parmi lesquelles un grand nombre était vraiment remarquables; aussi pouvons-nous affirmer que peu de villes aujourd'hui en France possèdent dans les arts autant d'éléments d'avenir. Quelques efforts encore de la part des artistes, quelques encouragements de celle de leurs concitoyens, et Nantes pourra légitimement avoir la prétention de former une école.

Pour mettre une peu d'ordre dans notre compte rendu, nous rangerons les œuvres exposées en quatre catégories :

Tableaux d'histoire et de genre,

Portraits,

Paysages et marines,

Sculptures.

TABLEAUX D'HISTOIRE ET DE GENRE.

Les tableaux d'histoire étaient peu nombreux, et il ne faut pas s'étonner qu'il en soit ainsi à toutes les expositions de province. D'une part, les artistes de Paris ne nous envoient en général que les tableaux dont ils n'ont point encore trouvé à se défaire, et à cause des frais considérables qu'ils occasionnent n'exécutent guère de tableaux d'histoire que sur commande; de l'autre, les artistes de province, si leur talent leur permet de s'élever ainsi aux plus hautes conceptions de l'art, se dirigent bientôt vers la capitale, où leur génie a plus de chance de pouvoir se dévelop-

per et trouver son emploi. C'est ainsi que, parmi les artistes dont les œuvres sérieuses ont été justement appréciées à
Paris, lors des dernières expositions, nous pouvons citer entre autres comme étant nos compatriotes : MM. *H.-P. Picou*,
Doré, *Merson* et *Luminais*. Ce dernier s'est seul souvenu de
nous cette année et n'a pas eu à s'en repentir. Car la commission de l'exposition a jugé digne son œuvre capitale
d'enrichir désormais notre Musée ; et elle a bien fait, selon
nous. Certes, il y a dans ce tableau de *la Défaite des Germains après la bataille de Tolbiac* des fautes énormes de
dessin. Il ne faut point demander un compte exact de tous
ces muscles, si muscles il y a, si étrangement attachés. Il
ne serait point besoin d'appeler Michel-Ange pour juger
tous ces raccourcis qui nous étaient inconnus ; il ne faut
chercher ni beauté ni noblesse dans les formes, ni un prétexte à tous ces angles de chair saillants ou rentrants souvent à contre-sens ; ces bœufs sont des rhinocéros, et ces
chevaux des animaux fantastiques, dont les analogues ne se
pourraient rencontrer que dans les légendes bleues des Allemands. — Et, toutefois, quelle belle œuvre ! quelle admirable couleur ! Et que ne pardonne-t-on point à la couleur, cette musique des yeux ? que d'air, que de perspective !
que d'espace ! Comme ces nuages roulent splendides et ora-
geux sur cette scène de désolation et d'épouvante ! quelle
clarté de composition ! comme au milieu de cette immense
tuerie Clovis se détache avec une grandeur sauvage, non
dans une pose académique, les yeux et les bras levés au
ciel, mais dans l'attitude véritable d'un chef Franc, du plus
fort des guerriers, du plus habile tueur d'hommes ! Quel
mouvement, quelle vérité dans toutes ces attitudes ! que

d'épisodes terribles, dont chacun intéresse, dont aucun ne nuit à l'ensemble de la composition, qui offre avant tout au spectateur l'idée d'une effroyable déroute.

> Où donc est le soleil? — Il luit dans la fumée
> Comme un bouclier rouge en la forge enflammée.
> Dans des vapeurs de sang on voit briller le fer;
> La vallée au loin semble une fournaise ardente;
> On dirait qu'au milieu de la plaine grondante
> S'est ouverte soudain la bouche de l'Enfer.
>
> > Le fantassin mort avec rage
> > Le poitrail de fer du coursier,
> > Les chevaux blanchissants frissonnent;
> > Et les masses d'armes résonnent
> > Sur leurs caparaçons d'acier!
> Noir cahos de coursiers, d'hommes, d'armes heurtées!

(V. Hugo. La Mélée.)

Au centre du tableau, les charriots chargés de femmes, d'enfants, de vieillards et de bagages, selon la méthode de ces tribus germaines, pour qui une bataille n'était point un jeu, mais bien une nécessité lorsque, souvent poussées elles-mêmes en avant par d'autres tribus descendues de l'Asie, elles étaient obligées de venir en corps de nation, en émigrées, demander à leurs voisins une part de leur soleil; ces charriots, dis-je, arrêtés dans leur marche par l'effroi des bœufs, qui résistent à tous les efforts de leurs conducteurs, sont déjà la proie des soldats de Clovis. Les femmes cherchent à s'échapper: une mère, entre autres, oh! c'est bien une mère, s'élance en avant avec un effroi épouvantable en élevant au-dessus de sa tête son enfant qu'elle veut ravir à la mort. Quelques généreux guerriers cherchent encore à les défendre; d'autres fuient à toutes

brides, ils vont s'échapper.... Les malheureux! devant eux
se rencontre un affreux précipice, et ils y roulent avec
leurs chevaux. En retraçant celui qui se voile la face pour
ne pas voir l'abîme qui va l'engloutir, M. Luminais a
trouvé une pose sublime de désespoir. Dans le fond, la fuite
est à plein vol, et la manière dont M. Luminais a su rendre en quelques lignes d'horizon une multitude immense,
est une heureuse imitation de la fameuse défaite des
Cimbres, peinte par Decamps.

Somme toute, ce tableau est une œuvre très-remarqua-
ble, surtout de la part d'un jeune homme qui n'a pas 30
ans; cependant, nous ne saurions trop conseiller au fils de
l'ancien député de la Loire-Inférieure, du représentant ac-
tuel du peuple à l'Assemblée nationale, pour le département d'Indre-et-Loire, d'étudier plus à fond l'anatomie et
la correction du dessin; ses œuvres, déjà brillantes de
mouvement et de couleur, en seront doublement belles.

S'inspirant également de Decamps, M. *Gustave Morin*,
de Rouen, et professeur nommé au concours de l'Académie
de cette ville, nous a envoyé un tableau représentant
la Mort d'Edwin, chef saxon, qui, trahi par deux traîtres,
périt avec 20 compagnons fidèles, accablé sous les forces
supérieures des Normands. Cette lutte, dit le livret, se passe
sur les bords de la mer du Nord, aussi l'artiste a-t-il cherché, pour rendre les flots, le ciel, les rochers et les falaises,
les tons les plus sourds, les plus blafards, les plus froids de
sa palette; mais, par quelle étrange distraction tous les premiers plans du tableau, le magnifique groupe des combat-
tants, les sables enfin où se passe cette lutte acharnée et
sans espoir, s'éclairent-ils d'une lumière et d'une cou-

leur qui semblent ravies à la palette de Salvator ou de Marilhat ?

Cette harmonie puissante et soutenue qui contribue tant à la valeur comme au succès d'une œuvre de peinture, se rencontre au contraire à un degré remarquable dans le tableau d'un de nos jeunes compatriotes, M. *Henri Villaine*, qui, après avoir étudié à Paris et en Angleterre, est revenu parmi nous, depuis peu de temps, riche de solides études, dont il nous donne aujourd'hui les heureuses prémices. Cette composition, qui n'a pas obtenu peut-être tout le succès qu'elle méritait, représente *la Découverte de la Conspiration des Poudres*. On sait que ce complot fut tramé en 1605, par quelques fanatiques qui en voulaient au roi Jacques, pour ses mesures hostiles contre le catholicisme. Les conjurés devaient faire sauter le roi, ses ministres et tous les membres du parlement, à l'aide de 36 barils de poudre cachés sous la salle des séances du parlement, et auxquels on devait mettre le feu le jour où le roi viendrait ouvrir la session. Le projet fut heureusement révélé par une lettre anonyme, les coupables arrêtés et livrés au glaive des lois. Il y avait là un sujet neuf, dramatique, intéressant, et M. Villaine en a tiré un bon parti. La disposition de l'escalier est très-heureuse, ainsi que celle des groupes de soldats qui descendent, éclairés par des torches, pour s'emparer du coupable. Il y a chez eux cette double expression bien rendue de la noble fierté d'hommes qui vont sauver leur pays, et d'une terreur secrète et bien légitime, car le coupable n'est point encore arrêté, et, un moment de plus, il les ferait sauter et périr avec lui. Les têtes sont d'un bon choix, les costumes variés et pittoresques, la touche ferme, la couleur vraie, l'effet de lumière piquant et vigoureux. Il est seulement fâcheux qu'il ne soit pas d'une justesse irréprochable, et nous pourrions chicaner M. Villaine sur plus d'une ombre portée, notamment sur celle de l'escalier. Un reproche plus sérieux, que nous croyons devoir faire à ce tableau, est l'attitude lâche et misérable qu'il a donnée à Guy Fawkes, le conspirateur. Guy Fawkes était un fanatique, mais c'était aussi un brave officier, et il racheta son crime par l'inébranlable courage qu'il montra devant le parlement et en face de l'échafaud. Nous croyons donc que, sans attirer précisément sur lui l'intérêt, car nous ne sommes pas de ceux qui traitent les spadassins, les brigands des montagnes et les conspirateurs en héros de roman, et pour qui le but justifie le moyen, nous croyons que l'artiste eût pu lui donner quelque chose de plus ferme et de plus hardi dans son attitude. Un rayon de lumière sur son front eût attiré heureusement l'attention de ce côté, et l'expression, le geste du personnage eussent dû exprimer cette pensée si ordinaire à l'orgueil trahi : Mon seul regret, en me voyant arrêté, est de n'avoir pu exécuter mon crime ; quant à vos échafauds, je les brave. Somme toute, et quoi qu'il en soit de ces quelques critiques, M. H. Villaine nous paraît dans une excellente voie, et nous ne saurions trop l'engager à continuer d'y rester.

Nous n'en dirons point autant de M. *Curty*. Habitué à décorer des églises, il n'a pas réfléchi en nous offrant son *Jugement Dernier*, que l'excessif du lâché, à peine pardonnable lorsqu'il s'agit de décorer, parfois pour un bien modique salaire, de vastes surfaces, n'était point supportable

en petit; du moins ce sont de ces caprices, de ces laisser-
aller avec le public que des artistes de premier ordre ont
seuls le droit de faire accepter. Faites des esquisses pour
vous servir de guide dans l'exécution de vos tableaux, rien
de mieux; mais gardez-les dans votre atelier. A votre mort
seulement, elles ont le droit d'en sortir et d'aller quelquefois, si elles en valent la peine, et alors qu'on ne peut plus
espérer de vous d'œuvres plus achevées, orner le cabinet de
quelque amateur. Assurément, *le Jugement Dernier* de
M. Curty ne manque pas d'une certaine fertilité d'imagination, le pinceau en est facile, il y a beaucoup d'air et d'espace, et quelques parties ne sont pas mauvaises de couleur;
mais nous ne croyons pas que la réputation faite de cet artiste
estimable ait pu gagner à cette exhibition; quant au *Serment
de l'Odéon, le 29 Juillet* 1830, M. Curty aurait bien dû chan-
ger la date et mettre Février 1848; assurément le tableau
n'en eût été ni pire ni meilleur, mais, du moins, ce n'eût
point été un anachronisme; aujourd'hui, il ne serait plus
temps, mais si l'œuvre se retrouve encore dans le cabinet
de M. Curty, le conseil peut ne pas être mauvais pour la
première occasion; nous pouvons lui certifier que son tableau sera toujours de mise: Juillet ou Février, 1830 ou
1848, toutes les révolutions se font de même.

Nous serons sévères aussi pour un de nos jeunes compatriotes, M. *Chalot*, et d'autant plus que, malgré les critiques acerbes, impitoyables, que nous avons sans cesse
entendues au pied de son tableau, nous pensons qu'il y
a en lui l'étoffe d'un véritable talent. Son tableau représente *Renaud* retenu *dans les jardins d'Armide* par les
charmes et les caresses de cette enchanteresse. Ce sujet

n'a rien qui élève l'esprit, mais il prête à la peinture : une belle femme, un jeune guerrier, de riches costumes, des jardins merveilleux et le ciel du midi, il y a là plus qu'il n'en faut pour obtenir le succès si....

Félicitons d'abord M. Chalot d'avoir vu dans les chants du Tasse autre chose qu'un sujet de vignette plus ou moins enluminée, à la façon de MM. Winterhalter, Baron ou Wattier, et de l'avoir, sinon compris, du moins voulu comprendre sérieusement, avec dignité, avec une louable ardeur de rivaliser avec le poète. Il a échoué, cela n'est pas douteux, mais cet essai, même avorté, indique chez M. Chalot une belle nature d'artiste, et l'instinct d'un idéal qu'il atteindra tôt ou tard. — Le site dans lequel M. Chalot a encadré son sujet, et qui, du reste, en fait partie essentielle, est heureusement trouvé. — Il est noble et poétique à la fois ; les eaux sont fraîches, le feuillage est ombreux, le palais d'Armide gracieusement encadré à l'horizon. Cet horizon, d'ailleurs, est rétréci comme il convient dans un lieu d'où il n'est point permis de s'échapper, où l'on veut, sous les fleurs, enchaîner les bras, sous les baisers fermer les yeux, et faire oublier le monde et ses réalités, la guerre et ses terribles jeux : « D'innombrables murailles, dit le Tasse, protégent ce séjour. » Il y a réellement une certaine originalité dans la manière dont ce paysage est compris et traité. Les tons en sont seulement un peu froids ; peut-être en les assourdissant, M. Chalot a-t-il voulu que l'œil se portât plus exclusivement sur ses deux amoureux. Il ne s'y porte que trop, hélas! Non que Renaud ne soit un assez beau jeune homme, non que le sein d'Armide ne soit d'un modelé passable, non que les costumes et

les ajustements ne soient gracieux, coquettement agencés
et assez bien peints; mais que sont tous ces mérites se-
condaires auprès de la pensée absente, de l'idéal qui nous
échappe, de la passion enfin qui manque quand elle devrait dominer toute l'œuvre comme fait l'âme du corps?
Quoi, cette femme qui veut sourire avec amour et ne fait
qu'une assez laide grimace, cette femme qui s'étale sans
grâce, sans charme, sans mollesse, sans abandon, sans
volupté, mais avec l'impudique façon et la niaise vulga-
garité de quelqu'une de ces créatures hébétées par le vice
qui se vendent au plus offrant, quoi, c'est là Armide,
fille d'Hidraot le magicien? Écoutons le Tasse : « Jamais
Argos, jamais Délos ou Chypre ne virent une telle beauté,
des vêtements aussi splendides. Sa chevelure est d'or...
Un léger souffle agite ses blondes tresses et les détache en
boucles ondoyantes. Une couleur rosée se confond avec
l'ivoire de son visage, et sa bouche de vermillon exhale
un doux parfum. Son beau sein d'une blancheur de neige
entretient et nourrit le feu d'amour... »

Ah! je ne m'étonne vraiment pas que, devant cette in-
décente créature que M. Chalot s'est complu à faire d'un
rose monotone, oubliant que le Tasse dit expressément
(et la nature d'ailleurs à défaut du Tasse le lui aurait dit),
qu'à ce rose venait se joindre la blancheur du lys; je ne
m'étonne pas que Renaud demeure si froid, si niais et
si inanimé; ce qui m'étonne, c'est que, pour une pareille
conquête, il oublie les Chrétiens et compromette sa gloire.
— Non, M. Chalot n'a nullement compris le Tasse. S'il l'eût
compris, en effet, il l'eût traduit littéralement, et n'eût pas
eu l'outrecuidante hardiesse de modifier une scène si ad-

mirablement indiquée. Qu'il se souvienne une autre fois que si presque tous les grands peintres sont poètes, presque tous les grands poètes sont peintres, peintres avec leur plume comme d'autres avec leurs pinceaux ; ils excellent à donner les programmes des tableaux, et l'on gagne toujours à ne pas s'en écarter.

On sait qu'Ubalde et le Danois ont quitté le camp des Chrétiens, et riches eux-mêmes de secours empruntés à la magie, ont pénétré dans les jardins d'Armide, pour faire honte à Renaud de son lâche abandon, et tâcher de le ramener pour porter le dernier coup aux infidèles. « Soudain, dit le Tasse, les regards des guerriers pénètrent
» à travers l'obscur feuillage ; ils croient voir, et leur doute
» se change en réalité : ils voient sur la verdure Renaud
» soutenu par Armide. Le voile de l'enchanteresse la recouvre à peine, ses cheveux en désordre flottent au gré
» des vents... Un pétillant sourire étincelle dans ses yeux
» humides ; ainsi un rayon de lumière brille à la surface
» des ondes. Armide se penche sur Renaud, et le visage
» du guerrier se réfléchit dans son visage. Il se consume,
» il soupire ; on dirait que son âme s'envole et va s'unir
» à celle de la magicienne. » Ainsi, chez le poète, c'est Armide qui soutient Renaud ; dans le tableau de M. Chalot, c'est Renaud qui soutient Armide. — Chez le poète, c'est Armide qui se penche sur Renaud ; dans le tableau de M. Chalot, c'est Renaud qui se penche vers Armide. En effet, et que M. Chalot nous permette de lui faire mieux saisir la pensée qui domine tout cet admirable épisode, ce n'est point Armide qui est la soumise, la vaincue, l'esclave du jeune croisé, c'est lui qui, dans les bras de la magicienne, a laissé

engourdir sa valeur. Armide aime Renaud, mais en femme maîtresse d'elle-même, et qui connaît la puissance de chacun de ses regards ; elle l'aime, mais elle se souvient surtout des ordres de son oncle : « O ma bien aimée, lui a-t-il dit, sous tes blonds cheveux, sous ton gracieux visage, tu caches un esprit vieilli... Rends-toi au camp ennemi, déploie tout l'art de ton sexe, tous les attraits de l'amour ; soumets à ton vouloir les cœurs les plus obstinés ; que la pudeur serve de voile à ton audace ; fais de la vérité un manteau à tes mensonges ; tâche de séduire les grands de l'armée ; conduis-les dans des endroits d'où ils ne reviennent jamais. » — Et, d'ailleurs, voyez comme le Tasse prend soin lui-même d'expliquer sa pensée : « Un miroir, du cristal le plus pur, était suspendu à côté de Renaud ; Armide le prend et le place entre les mains du cavalier ; ils s'y regardent tous deux, et, parmi tant d'objets, ils n'aperçoivent qu'un seul et même objet. L'un se glorifie de sa servitude, l'autre de son empire ; Armide ne voit qu'elle-même, Renaud ne voit qu'Armide. » Une autre fois, M. Chalot, tâchez donc de mieux lire.

Si l'*Hamlet* et l'*Ophélia* de M. *Henri Lehmann* n'étaient d'exactes reproductions, seulement dans de plus faibles proportions, de deux tableaux dont la critique parisienne a depuis longtemps déjà signalé les qualités et les défauts, nous aurions pu, leur appliquant le même système, et la pièce de Shakespeare en main, montrer que M. Lehmann, tout en se tenant, lui du moins, dans les conditions d'attitude indiquées par le poète, et consacrées d'ailleurs par tous les grands acteurs de l'école anglaise, est loin d'avoir rendu la tristesse folle et la folie triste de ses deux personnages.

Nous nous souvenons d'avoir vu, il y a quelques années, une troupe d'acteurs de l'autre côté du détroit, qui vint donner quelques représentations à Paris, et s'essayer à nous faire comprendre les plus belles scènes de leur théâtre. Les comparses, nous l'avouons, étaient bien ridicules avec leurs grands gestes, leurs accents britanniques et leurs baroques ajustements. Mais quelle émotion dans la salle, quand Hamlet commençait son fameux monologue : être ou ne pas être, voilà la question. — Et quand sous l'empire d'une effrayante distraction, il s'entretenait familièrement avec le fossoyeur du cimetière, on sentait réellement le poids de cette fatalité pesant sur ce malheureux fils, condamné, pour venger le meurtre de son père, à faire périr sa propre mère. On pleurait quand Ophélia (miss Smithson) vous offrait ses fleurs : « Voici une marguerite pour vous; j'aurais voulu aussi vous donner des violettes, mais elles sont toutes fanées depuis la mort de mon père. » De ces habiles artistes, M. Lehmann n'a rendu que les costumes et les poses; mais l'âme, mais le sentiment, mais l'émotion profonde, où sont-ils? Ces deux figures vous attirent, il est vrai, par leur étrangeté, par leur bizarrerie, par une sorte d'aspect farouche, par cette certaine puissance de faire et d'ensemble que les bons maîtres savent toujours imprimer à leurs œuvres les plus médiocres. Mais bientôt nous nous retirons désappointés. Nous savions bien d'avance que, coloriste un peu verdâtre, dessinateur parfois maniériste, M. Lehmann n'en était pas moins un des meilleurs élèves de M. Ingres. Mais en venant, sur l'étiquette du livret, contempler les types les plus sublimes qui existent peut-être de profondeur et de mélancolie sur aucun théâtre, Hamlet et Ophélia, nous cherchions autre chose que des prodiges d'habileté de brosse et de pinceau. Cette autre chose, l'expression, nous la trouverons réellement dans une autre œuvre de M. Lehmann. On comprend d'avance que nous faisons allusion à cette magnifique tête de femme dont le Musée a fait l'acquisition; mais il n'est pas encore temps d'en parler.

Moins artistement organisé que son frère Henri, M. *Rodolphe Lehmann* n'en est pas moins un peintre d'un grand talent. Le tableau de la *Vierge avec l'Enfant Jésus*, qu'il nous avait envoyé, a généralement été remarqué pour sa grâce, sa sagesse, sa correction, son coloris vrai et agréable. Cette vierge n'est, il est vrai, qu'une imitation de Raphaël; mais il est déjà rare de savoir ainsi imiter.

Nous préférons cependant, comme tableau de religion, à cet habile pastiche, l'œuvre de M. *Dauban*, intitulée: *Qui donne au pauvre donne à Dieu*. Fils du directeur de l'École des Arts et Métiers d'Angers, frère de notre collègue M. Dauban professeur au Collège de Nantes, petit-fils de notre célèbre graveur Chataignier, élève de M. Auguste Debay, M. Dauban n'a que 24 ans, et promet, s'il continue, de marcher dans l'excellente voie de dessin, de couleur et de composition, à la fois naturelle et élevée, dans laquelle il s'est engagé, de devenir un artiste très-distingué. M. Dauban s'est à la fois inspiré de l'évangile du pharisien et du publicain, de celui du bon Samaritain, et, enfin, de cette belle pensée de l'église, qui nous fait voir le Christ lui-même dans chaque mendiant qui nous tend la main.

Sur le bord du chemin, le Christ est assis, qui semble pauvre, triste et malheureux. Un lévite a passé sans lui rien donner ; de même un pharisien qui, l'air haut et satisfait, n'en pénètre pas moins dans le temple pour remercier Dieu de ce qu'il n'est pas, comme le reste des hommes, voleur, injuste, adultère. Enfin, une pauvre femme s'est arrêtée, qui, pieds nus, couverte de haillons, amaigrie par la souffrance et un enfant suspendu à son sein, a néanmoins trouvé pitié dans son cœur pour une misère qu'elle sent d'autant mieux qu'elle marche par la même voie de souffrance. Elle n'est pas riche, mais sans doute sa journée a été meilleure que celle de ce misérable, et elle est heureuse de pouvoir partager avec lui le morceau de pain, superflu de la table de quelque riche miséricordieux. Le type de cette femme n'est point d'une nature élevée, mais il n'est point non plus repoussant ; et, sous ce rapport, nous paraît complétement dans la vérité. Quant au Christ, il est imité de la grande école de Raphaël et du Poussin. Nous eussions seulement désiré plus de mouvement dans son attitude, et aussi sur son visage une expression plus vivement sentie, soit de misère et de souffrance, soit de reconnaissance, soit même mélangée de ces deux sentiments. Quoi qu'il en soit, nous regrettons que ce bon tableau n'ait point été acheté pour quelqu'une de nos églises, si pauvres généralement en ce genre.

Un grand dessin sur toile, aux trois crayons, par M. *Antony Meuret*, dessin représentant *les Juifs captifs à Babylone*, mérite aussi une place dans nos souvenirs, pour l'élévation du style et du sentiment ; mais il avait, selon nous, le grave défaut de former, sur deux plans très-rapprochés, deux compositions complétement distinctes.

Signalons enfin d'un autre de nos compatriotes, M. *Auguste*

Debay, élève de Gros, un tableau que nous croyons d'une excellente peinture, mais que nous nous récusons pour bien juger, nourris que nous sommes de préjugés peut-être injustes contre tout ce qui sent l'école si souvent théâtrale de l'Empire. Ce tableau représentait *Miltiade dans sa prison*. On sait que cet illustre général athénien, le vainqueur de Marathon, ayant éprouvé un léger revers, fut jeté dans une prison où il mourut, au bout de peu de temps, d'une blessure qu'il avait reçue au siége de Paros. « Ainsi, dit l'auteur des Girondins, périssent les favoris du peuple. »

Passons maintenant aux *tableaux de genre*. On en comptait plus d'une soixantaine. Aucun cependant ne s'élevait au-dessus d'un niveau très-ordinaire; quelques-uns étaient mauvais, beaucoup médiocres, une dizaine au plus se recommandaient par de bonnes et solides qualités. — C'est encore ici M. *Luminais* que nous signalerons en première ligne. Seul, en effet, *son tableau des petits Bretons au bord de la mer* se distinguait par une certaine originalité, encore n'existait-elle que dans la couleur. Sous ce rapport, son tableau était d'une puissance remarquable. Le ciel, surtout, était d'une vérité, d'une richesse, d'une hardiesse de ton admirables, et que faisaient encore mieux ressortir les ombres transparentes des premiers plans. L'heure choisie par l'artiste est, en effet, celle du soleil couchant; favorable aux vives oppositions d'ombre et de lumière, elle se trouvait aussi parfaitement en harmonie avec la petite scène de douce causerie d'amour représentée par l'artiste. Rien de plus simple, du reste, que cette composition de M. Luminais. Au bord d'un mince cours d'eau, qui va perdre son nom obscur et ses eaux dans le grand Océan qui mugit à l'horizon, un jeune Breton est assis sur un rocher, et, tout en confectionnant un chapeau de paille, il regarde d'un air fin et tendre à la fois une jeune fille à laquelle sans doute il le destine, et qui, accoudée sur le même rocher, semble fixer l'honnête garçon avec la muette contemplation d'un amour profond et sincère, et mirer, comme dit la chanson, dans ses yeux ses yeux, par parenthèse beaucoup trop à fleur de tête. On pourrait reprocher d'autres incorrections à ce joli tableau ; mais sous l'ampleur du costume elles se déguisent aisément ; aussi, sans avoir égard à la grande différence qui doit se faire d'un sujet très-simple avec une œuvre très-compliquée, beaucoup de personnes prisaient-elles les *Petits Bretons* au-dessus de la *Déroute des Germains*.

Des tableaux fort remarqués, tant pour la prétentieuse étrangeté de leur laisser-aller que pour leur mérite réel, étaient dus à M. *Emile Lessore*. Artiste de talent, mais dénué d'invention et d'originalité, M. Lessore s'est déjà adressé à plus d'une école pour y trouver enfin une voie qui lui soit propre, et, chemin faisant, sans arriver précisément à son but, il s'est fait une réputation méritée pour ses heureuses imitations. Les peintres matérialistes semblent, surtout de sa part, l'objet d'un culte fervent. C'est ainsi que, cette année, nous retrouvons Decamps dans la *Partie d'Échecs*, Watteau et Diaz dans la *Scène de Campagne* et dans le *Chien attelé*, Murillo enfin dans l'*Oiseau mort* et dans les *Petits Mendiants*. Decamps, Watteau et Diaz ont mal inspiré M. Lessore, ses imitations de ces excellents artistes sont détestables, et, pour me servir d'un terme d'atelier, de vraies galettes. Mais M. Lessore se relève tout à coup avec le chef illustre de l'école espagnole, et s'il n'atteint ni à la puissance de ses effets, ni à la vigueur de ses reliefs, ni à la puissance de son coloris, il se tient néanmoins fort près de lui pour la grâce, la vérité et le naturel de la composition, pour l'expression surtout, qualité si rare et sans contredit la première de toutes. La figure de la pauvre enfant qui a perdu son oiseau est dans ce genre un chef-d'œuvre, non que la douleur soit bien fortement empreinte sur son charmant visage, l'oiseau qu'on aperçoit étendu dans sa cage n'est, en effet, qu'un prétexte pour trouver un nom au tableau; mais il y a dans la tête de cette jeune fille je ne sais quel caractère naïf et profond à la fois qui captive et séduit. Avant de quitter M. Lessore, faisons-lui une simple question. Pourquoi passer à donner à ses tableaux l'air négligé d'une savante ébauche, plus de temps peut-être qu'il ne lui en faudrait pour les terminer tout simplement dans toutes leurs parties, tout comme Murillo lui-même, puisqu'il veut imiter Murillo, daignait le faire? Est-ce impuissance? Est-ce prétention? Nous ne voulons pas croire à la première, et nous détestons l'autre, sous quelque forme qu'elle se présente.

Deux artistes, l'un breton, l'autre quasi-breton, puisqu'il est depuis longtemps déjà venu se fixer parmi nous, nous appellent maintenant et réclament un instant d'attention. Remercions, en effet, MM. *Talec* et *Fortin* de consacrer leur talent à reproduire sur la toile les mœurs naïves, sauvages, originales, quasi-primitives de nos bons paysans bretons bretonnants. Tous deux, du reste, en abordant sans se connaître, des sujets tout à fait analogues, ont su à la fois être vrais et conserver un talent tout à fait individuel.

Fils d'un humble artisan de Quimper, M. *Talec* est un tout jeune homme qui a fait ses études à Paris, grâce aux secours généreux de sa ville natale et de son département. Ces frais sont loin d'avoir été perdus, et M. Talec nous apporte dès aujourd'hui des gages d'un véritable talent. Il eut été difficile de mettre plus de vérité dans la composition de tous ces petits intérieurs : le *Petit Chariot;* le *Repas de midi;* la *Faiseuse de bouillie*, etc.; le dessin est très-correct, les expressions simples et vives, les types heureusement choisis, les effets d'une grande justesse. Uune touche un peu lourde, une couleur grise, opaque et fausse de ton, nuisent malheureusement au succès de ces jolies productions. M. Talec a beaucoup à gagner, mais ce qu'il sait nous est un sûr garant que, sincèrement averti, il tiendra à se perfectionner dans les parties de l'art où il est encore faible.

M. *Fortin*, avons-nous dit, n'est point précisément breton, il est de Paris, où il a puisé ses bonnes et solides qualités de peinture, à l'école des Leleux; mais, épris d'une vive passion pour les tableaux des maîtres flamands, et désespérant de lutter avec eux sur leur propre terroir, il est venu demander à nos mœurs bretonnes des inspirations anologues aux leurs sous le rapport de la vérité et de l'accent; bien lui en a pris. M. Fortin, depuis surtout son admirable tableau des *Chouans en embuscade*, passe, à Paris même, pour un de nos meilleurs peintres de tableaux de genre. Comme à M. Talec, nous pouvons lui reprocher une touche un peu lourde, mais la couleur de M. Fortin est bien supérieure à celle de M. Talec ; sans être ni riche ni brillante, elle est vraie du moins, et c'est déjà quelque chose. Il a, de plus, à un haut degré, les qualités de ses défauts : si son pinceau manque de légèreté, si sa touche est épaisse, si l'art des glacis lui est à peu près inconnu, sa peinture est ferme, solide, vigoureuse, et ne passera point au soleil. Nous ne saurions nous appesantir ici sur toutes les jolies scènes exposées par M. Fortin : l'*Épingle*, la *Fileuse*, le *Marchand de figures en plâtre*, l'*Empirique*, toutes enfin ont été justement remarquées.

L'*Empirique* surtout, une des meilleures œuvres de l'auteur des *Chouans*, a obtenu un succès de vogue mérité.

Sur son lit est couché un pauvre malade. Près de lui, sa femme, le bras appuyé sur le lit, tient à la main son chapelet et son livre de prières, tandis que, d'un air triste et inquiet, elle regarde le médecin, véritable empirique, comme le dit le livret, à la figure astucieuse et quelque peu diabolique, qui élève en l'air, pour mieux l'éclairer, la fiole où l'on a recueilli les urines du malade, et l'examine de cet air capable qui dissimule souvent l'ignorance, mais qui manque rarement son effet.

Un cœur inquiet est crédule…..

Dit si bien Mme Tastu. — Cet empirique, heureusement imité du tableau de la paralytique de Gérard Dow, est parfait d'un bout à l'autre ; sauf que son teint pâle et terreux semble lui donner à lui-même l'air plus malade que le moribond, à son tour beaucoup trop frais et trop vigoureux. Puis, dans l'attitude de cette épouse qui, sans se déranger, reste la tête appuyée

tristement sur son bras, tandis que dans ce regard du médecin elle doit lire le sort de son mari, je ne retrouve l'étude
profonde ni du cœur humain, ni surtout de celui de la femme.
Les médecins ne sont point communs à la campagne, et ne
devient pas non plus empirique qui veut, il faut pour cela
une dose d'astuce peu commune; aussi quand il arrive,
souvent de bien loin, le médecin ou l'empirique, comme on
court au devant de lui, comme on s'empresse, comme on
lui raconte en tremblant, en surveillant son regard soucieux
et cependant discret par habitude, tout s'apprend, chaque
symptôme qu'a présenté pendant son absence l'état du malade! Il entre, on lui ôte son chapeau, on lui prend sa
canne avec respect, on fait sécher son manteau; puis,
quand il s'approche enfin du lit du malade, pour étudier
sur son visage amaigri les ravages de la maladie, pour
supputer combien de chances pour la vie, combien pour
la mort, oh! alors, j'en appelle à tous les médecins, non,
une femme, une épouse, une mère ne reste pas assise et
ne s'appuie pas la tête sur son bras avec abattement. Cette
pose, elle sera vraie seulement après le départ du médecin,
lorsque, seule en présence de Dieu et de sa douleur, la
pauvre femme s'abandonnera, pendant que repose un
malade bien aimé, à ces tristesses souvent sans espoir qui
abattent l'âme et la font pour ainsi dire s'affaisser sur elle-
même. Mais, maintenant, le premier mouvement de cette
femme est de s'élancer côte à côte du médecin, de suivre
chacun de ses mouvements, de ses regards, de tâter pour
ainsi dire le pouls du malade avec lui, avec lui de compter les pulsations du cœur, d'examiner la langue du malade,
son œil éteint ou étrangement illuminé, son teint eu-

flammé ou décoloré, de le gêner enfin si, souvent lui-
même époux et père, le médecin ne comprenait et ne par-
donnait toutes ces ardentes vivacités d'un amour qui s'in-
quiète et s'alarme.

Un artiste, depuis longtemps connu par d'honorables
succès et fils d'un de nos meilleurs restaurateurs de tableaux, M. *Alphonse Roehn*, nous avait, sous ce titre : *Une
jeune fille faisant la lecture à un vieux curé malade*, envoyé
une œuvre de grand mérite. Assis dans un vaste fauteuil,
la tête appuyée sur un oreiller, et s'y détachant d'ailleurs
merveilleusement, les jambes enveloppées dans une vieille
couverture, le pauvre curé commence à s'assoupir sous
l'impression narcotique de quelque pieuse lecture faite,
sans doute, sur le ton monotone dont l'école de vil-
lage, tout comme le Lycée national, inculque si bien les
excellents principes aux marmots. La physionomie du
vieux prêtre, physionomie qui se reflète, pour ainsi dire,
jusque dans ses mains ridées et tremblantes, est supérieu-
rement rendue. A peine commence-t-il à s'assoupir et, sous
l'empire de cette susceptibilité nerveuse, de ce raffinement
des sens que donne souvent la maladie, on sent qu'un rien,
une mouche qui volerait, un soupir de la jeune fille le ré-
veillerait. Aussi, comme elle suspend son souffle la pauvre
enfant, et comme, en même temps, dans ses yeux éclate la
douce et innocente joie d'avoir, au moins pour un instant,
suspendu les maux de son vieil ami ! — Il est seulement fâcheux que le type trop vulgaire de cette jeune fille appar-
tienne à une nature éminemment lymphatique et boursouf-
flée, et que le curé soit un peu gigantesque pour la grandeur de la toile. Quoi qu'il en soit, à défaut de concurrence,

ce tableau eût été une bonne acquisition pour notre Musée et y aurait figuré avec honneur.

Un de nos compatriotes, M. *Blondel*, artiste fécond, trop fécond; facile, trop facile; coloriste, trop coloriste, nous avait, escorté d'une multitude de portraits et de pastels de toutes grandeurs, adressé comme morceau capital un tableau représentant une *Bohémienne disant la bonne aventure à des jeunes filles*. Rien de mieux trouvé que la bohémienne, véritable Gitana pur sang. Son ajustement est pittoresque, et son teint brun, fortement coloré, forme une heureuse opposition avec la blonde amoureuse qui lui tend la main pour y lire sa destinée. Connaisseuse qu'elle est du cœur des novices, cette devineresse, pleine d'entrain, de gaîté et de malice, ne risque rien, après un léger examen, en disant à sa jolie dupe : Ah! tu as beau t'en défendre, ton cœur est pris. Derrière la Gitana est une vieille misérable, complice de ses roueries, et qui n'est pas la moins bonne figure du tableau. La jeune fille qui tend la main est posée avec naturel, ses traits sont gracieux, ses chairs peintes avec une finesse de ton que M. Blondel devrait bien transporter dans ses pastels, d'une crudité souvent outrée.

La jeune brunette qui s'appuie sur le dos de sa jolie amie est elle-même peinte avec beaucoup de grâce et de laisser-aller, — Mais, quant au petit joueur de cornet à piston qui occupe en avant la gauche du tableau, nous le supprimerions complètement, c'est un personnage inutile, pour ne rien dire de plus.—Que M. Blondel se décide à ce sacrifice, qu'il raccourcisse le bras que la jeune fille présente à la bohémienne et fasse quelques autres corrections, qu'il soigne et modèle davantage plusieurs parties négligées de son tableau, qu'il le transporte, s'il est possible, sur une toile un peu plus haute, et sa *Bohémienne*, sans devenir une œuvre d'un ordre bien élevé, aura droit cependant à une juste estime. Nous sommes francs avec M. Blondel, parce qu'il nous a priés lui-même de l'être, et qu'avec son extrême facilité et son vif désir d'arriver, quelques bons conseils ne peuvent être regardés que comme un service d'ami.

Deux peintres de Paris, M. *Pinart* et M. *Antigna*, nous avaient, comme distraction à des œuvres plus sérieuses, envoyé deux tableaux qui, à défaut d'une grande valeur artistique, se distinguaient du moins par leur gaîté malicieuse. Remercions-les; on est si heureux de pouvoir rire, surtout en révolution. M. Pinart nous avait transporté dans un *Intérieur* de petits *bourgeois* de la banlieue, se délassant, par quelque cent de curé, des grands soucis de leur existence, la vente de la cassonade ou celle des bas de coton. L'un d'eux est tout près d'atteindre le but, les gros sous vont lui tomber dans la poche, et il tient dans sa main la carte providentielle qui va pour un moment le rendre le plus heureux des hommes. Rien de mieux exprimé que la joie indicible de cette béate figure. Trois témoins, trois amis... j'ai dit qu'il gagnait, — l'environnent et prennent part à son allégresse, tout en raillant son malheureux adversaire, qui fait fort piteuse mine, et regarde, d'un air désespéré, ses dernières cartes relevées. Celui-ci est seul de son côté. Joueur de cartes, joueur de fortune ou de politique, il en va toujours ainsi dans la vie. Malheur et pauvreté ne sont pas vices, disait Voltaire, c'est quelque chose de pire. — Il est seul, ai-je dit, je me trompe; à ses pieds est cet animal qui, souvent, devrait nous faire rougir, son chien, son ami fidèle, qui, l'œil morne

Et la tête baissée
Semble se conformer à sa triste pensée.

Sur un second plan, une cuisinière attise le feu et prépare la poule au pot. On devine qu'en la croquant, je ne parle pas de la cuisinière, et en l'arrosant d'un fin Mâcon du meilleur crû de Surêne, il n'y aura plus ni vainqueurs, ni vaincus, ou que plutôt le vaincu du piquet va devenir le vainqueur le verre à la main. N'est-il pas sage, les anciens nous l'ont appris, de noyer son chagrin dans le vin?

Ce tableau, imité de Drolling père et de Boilly, est bien dessiné et composé. Il est seulement regrettable que, long-temps occupé de la peinture sur porcelaine, M. Pinart ait cru devoir transporter les procédés de cette peinture dans ses tableaux à l'huile. Leur aspect général est comme poli et vitrifié, ce qui produit un effet peu agréable. Nous l'engageons aussi à soigner sa touche davantage : elle est lourde et sans finesse ; qu'à défaut de la nature, ou même pour mieux apprendre à la voir, il consulte surtout Teniers et Gérard Dow.

M. *Antigna*, lui, s'est évidemment inspiré de M. Biard ; comme la plupart des tableaux de l'auteur du Bon Gen-darme et de tant d'œuvres spirituellement bouffonnes, sa *Scène d'Atelier* n'est guère qu'une caricature coloriée. La caricature du moins n'est pas mauvaise. Une vieille dame de charité, accompagnée d'un respectable ecclésiastique, est entrée pour demander son offrande à un artiste. Ce-lui-ci s'est levé et a poliment offert son propre fauteuil à la digne matrone. La rusée, qu'y a-t-il (et nous ne l'en

blâmons pas) de plus rusée que la charité ? avant d'en venir à ses fins, de lâcher, comme on dit, le gros mot,
veut, du moins, faire à l'artiste quelques compliments sur
son talent, sur son renom, sur les œuvres qu'il avait à la
dernière exposition, sur celle enfin qu'il est en train d'é-
baucher. — Que traitez-vous en ce moment, lui dit-elle ?
— Madame, répond l'artiste d'un air de componction, une
scène de la Bible. — Étonnement de la dame, et à la fois
satisfaction inattendue d'être entrée chez un si bon catholique. — Pour mieux en juger, elle ouvre son sac, prend sa
prise de tabac, met ses lunettes sur son nez, puis... O horreur! dit-elle. — Ah! mon Dieu, madame, qu'avez-vous
donc vu ? mais vous vous trouvez mal, vite des sels, des
flacons!... Tandis que la pauvre innocente se remet avec
peine, cherchons la cause de son émotion sur la toile ex-
posée sur le chevalet. Mais voici ma foi une fort jolie
femme ; ses mains retiennent à peine son dernier voile,
tandis que, d'un pied mignon et bien cambré, elle tâte
l'eau pour juger de sa température. — L'artiste l'a-
vait bien dit, il s'agit d'une scène de l'Écriture ; devant nous
est *la chaste Susanne* au moment de prendre le bain. Cependant la vieille dame a repris ses esprits, et toutefois sans
oublier sa quête (nous ne l'en blâmons toujours pas), elle
se hâte de quitter ces lieux empestés, en donnant le bras
au bon curé, qui, lui, s'est contenté d'examiner la
peu chaste *chaste Susanne* d'un air de sévère indignation.
Pour achever de décrire ce tableau, qui n'a cessé d'attirer
les regards de la foule, n'oublions pas, dans l'ombre, cachée
à moitié derrière la toile, cette narquoise figure de la véritable Susanne (de Paris, mais Paris n'est-il pas la Babylone

moderne) en chair et en os, qui a peine à contenir son fou rire, tandis que, à côté d'elle, par terre, est assis, fumant sa pipe avec toute la gravité d'un homme qui en a vu bien d'autres, le modèle à longue barbe, vêtu d'une robe à l'Orientale, et qui pose sans doute pour représenter les incestueux vieillards dont le jeune Daniel confondit l'imposture.

Ce tableau est fort amusant, et, toutefois, dirons-nous à M. Antigna, ne recommencez pas, vous êtes fait pour mieux que cela. Cette *jeune fille*, *qu'une puce tourmente*, et qui la cherche, toutefois avec modestie, prouve en vous des qualités de peinture dont vous devez un compte sérieux au public.

Parmi les tableaux de genre, les amateurs remarquaient aussi avec plaisir un petit tableau de *Faune et de Bacchante* dans lequel M. *Lacoste* semblait avoir ravi la palette des maîtres de l'École Vénitienne. Une jolie page, d'un coloris également remarquable, due au pinceau de M. *G. Morin* et représentant *Rosine et Bartholo* ; plusieurs tableaux facilement peints de M. *Eugène Lagier*, entre autres, malgré quelques incorrections et la longueur disproportionnée de l'astrologue, son tableau de *Louis XI et Galeotti*, alors que celui-ci, craignant les perfides suggestions de son rival, Olivier le Dain, et de se voir, en quittant le roi, forcé d'aller manger son dernier souper en compagnie du grand prévôt Tristan, s'en tire adroitement en annonçant d'un ton doctoral à Louis XI que la mort de Sa Majesté suivra la sienne de 24 heures.

Rappelons encore, en terminant cette partie de notre rapport, un tableau très-frais et très-gracieux de M. *Charles-Louis Muller*, représentant *Trois Jeunes Filles* souriant, folâtrant, se couronnant de fleurs, et si heureuses, si heureuses, que, pour un instant, devant elles, on oublie que les couronnes de roses, elles aussi, se brisent et se flétrissent ; deux tableaux de M. *F. Grenier*, *la Laitière Suisse* et *la Remise aux Faisans*, tableaux vrais de composition, corrects de dessin, mais froids de peinture et de couleur, et d'ailleurs dénués de force et d'originalité comme tout ce qui est sorti du pinceau de cet habile artiste ; le *Retour du Marché*, tableau assez faible, selon nous, de l'illustre chef de l'École Bretonne, M. *Adolphe Leleux* ; enfin, des œuvres plus ou moins estimables de MM. *Victor Le Gentile*, *Auguste Bonheur*, *Toulmouche*, *L.-F. Tronville*, *Delaval* ; et passons aux portraits.

PORTRAITS.

Notre Exposition était riche en ce genre, très-riche, et nous ne voulons point seulement parler du nombre, mais de la qualité. Quoi d'étonnant, du reste ? Le portrait, en province surtout, où depuis longtemps la fortune est chose trop rare pour que beaucoup puissent se permettre l'acquisition d'œuvres d'art proprement dites, le portrait est le gagne-pain des artistes ; on pourrait dire que c'est leur meilleur fermier. Quel fils, si peu qu'il soit au-dessus du besoin, ne dit un jour à sa vieille mère : Mère, si d'après les lois ordinaires de la nature, c'est à moi de te survivre, permets à ma tendresse de faire reproduire tes traits par le Vandick du voisinage ; qu'un jour, hélas ! soit-il loin ! venant en aide à leur souvenir gravé dans mon cœur, je puisse, en les contemplant sur la toile et me faisant une pieuse illusion, me dire : Oui ! tel son regard !

tel son front! tel son sourire! — Que, le jour de ta fête, je puisse, à ton portrait du moins, suspendre encore une couronne!

Quelle chaste et tendre moitié, à Nantes comme à Paris, à Quimper comme à Carpentras, a jamais hésité, tant ménagère soit-elle des deniers domestiques, et si camard que soit le nez du père de famille, à faire éditer ce nez avec tous ses agréments par le plus fameux *portraiteur* de l'endroit?... sauf, en cas de veuvage et d'une nouvelle flamme, toujours éternelle, à faire reléguer le pauvre défunt à la cave ou au grenier, sous prétexte de croûte? Aussi, cultivé avec soin, et pour cause, l'art du portrait se maintient-il généralement en province à une fort honorable hauteur.

A tout seigneur tout honneur! dit le proverbe; et puisqu'il s'agit de portrait, le seigneur est la femme sans contredit, surtout si elle est gracieuse et jolie; c'est donc indépendamment du mérite de l'œuvre, avec toute justice, que nous commençons notre revue des portraits par celui si magnifique de Mme *Charles Hersart du Buron*, par M. *Ange Tissier*. Nous disons magnifique, car la tête dont nous osons à peine, on le comprend, louer la sereine beauté, le galbe parfait, l'expression spirituelle et bienveillante, la tête est admirable de finesse de tons, d'habileté de modelé; car, bien qu'un peu forte peut-être, la main qui retient le cachemire est d'un grand goût de dessin, et d'un faire également achevé; car ce cachemire lui-même est un chef-d'œuvre de souplesse et de moelleux, de richesse et d'harmonie de coloris. C'est un véritable trompe l'œil. M. Tissier se joue de nous en y mettant son étiquette. Ce

sont les chèvres du Thibet qui en ont fourni la laine
épaisse et soyeuse, ce sont les filles aux yeux noirs et fendus en amande, de la riche vallée qu'arrose le Djalem au
royaume de Lahore, qui, sous leurs doigts intelligents,
avec leur imagination orientale, en ont marié les couleurs, arrondi les palmettes, épanoui les bouquets.
M. Biétry lui-même en convint, lorsque le portrait de
Mme H...... fut exposé à Paris, où il obtint un légitime
succès de vogue. Ce n'est point un Cuthbert, s'écria-t-il,
mais, sauf la mienne, je ne connaissais point à Paris d'autre fabrique de cachemire pure laine de la vallée du Djalem en Lahore? Quel peut être ce Tissier? Ce gaillard-là
va me faire une rude concurrence, une offre considérable
pourrait peut-être le décider à interrompre sa fabrication,
j'y songerai. M. Biétry y réfléchit, en effet, n'en dormit pas,
et comme il l'avait résolu la veille, il le fit le lendemain,
aussi, nous a-t-on assuré, que, depuis, aucun châle de cette
beauté n'était sorti des ateliers de M. Tissier.

Bref, le portrait de Mme H...... est une œuvre pleine de
puissance et de véritable beauté, et telle que peu d'artistes peuvent se flatter d'en avoir produit depuis vingt
ans qui puissent lui être comparées.

Est-ce à dire, toutefois, que ce portrait soit tout à fait à
l'abri de la critique? Non, certes; et ici nous prierons
M. Charles Hersart de vouloir bien excuser notre franchise.
C'est elle seule, nous l'espérons, qui garantira le côté élogieux de notre rapport du reproche de banalité et de camaraderie. La pose de ce portrait ne nous plaît pas, elle
manque à la fois de naturel et de distinction; plusieurs
lui trouvaient des rapports avec celle de Saint-Sébastien.

Le fait est que la tête, légèrement inclinée sur le côté, et qui semble, en même temps, retenue contre la muraille comme par un clou, donnait quelque apparence de vérité à cette épigrammatique comparaison. Mais il serait facile, avec une bien simple retouche, de faire disparaître ce défaut, au moins en partie ; il n'y aurait qu'à atténuer, à supprimer même complètement l'ombre vigoureuse placée derrière la tête, et qui semble une continuation des cheveux. Il est probable que, dans l'atelier peut-être fort rétréci de l'artiste, le paravent ou le châssis sur lequel était étendu le damas gris à fleurs jaunes, qui sert de fond au portrait, se trouvait placé très-près de la tête du modèle, en sorte que cette ombre malencontreuse s'y produisait réellement. L'artiste aura fait ce qu'il voyait, sans réfléchir qu'une personne debout ne se colle point habituellement contre un mur ou même un paravent ; d'ailleurs, dame vêtue d'un si noble costume se doit naturellement supposer dans un de ces salons aristocratiques où l'on a ses coudées franches.

Pourquoi aussi demanderons-nous à l'artiste avoir faibli avant la fin ? Pourquoi avoir soigné avec amour les autres parties de votre œuvre, puis avoir, à ce point, négligé le bras droit de votre modèle ? Ce bras est dans l'ombre, direz-vous, je l'ai sacrifié pour ne pas distraire l'attention. — C'est fort bien ; mais pourquoi l'avoir fait mort et inanimé ? Pourquoi, tout en le laissant dans une forte demi-teinte, ne pas en avoir perfectionné davantage le modelé ? Pourquoi, dans cette main, ne retrouve-t-on ni os, ni muscles, ni même correction de contour ?

Enfin, ce châle lui-même, dont nous avons admiré la

belle tenue et l'habile facture, ce châle si complètement
séparé du haut du corps par le corsage blanc, ne joue-t-il
pas, dans ce portrait, un rôle beaucoup trop considérable,
et n'a-t-il pas le défaut de partager ainsi l'attention? Quoi
qu'il en soit de ces quelques critiques, dont un examen souvent répété et fait d'ailleurs en compagnie de personnes
compétentes nous autorise à garantir la justesse, le portrait de Mme H...... était, sans contredit et de beaucoup,
l'œuvre la meilleure, la plus capitale et la plus complète de
l'Exposition. C'est, nous le répétons, un magnifique portrait, et qui figurerait aussi bien, peut-être mieux, dans
un musée, que dans un salon ou une galerie de portraits
de famille.

La seule œuvre qui, sous quelques rapports, pût lui être
comparée et méritât d'entrer en parallèle avec lui, était cette
tête si justement admirée cette année à l'exposition de Paris,
sous le nom de Léonide, et que M. *Henri Lehmann* nous avait
envoyée en la rebaptisant : *Monna Belcolore*. Ce nouveau
nom nous agrée mieux, car nous ne connaissions nullement
Léonide, et nous avons eu la charmante occasion de refaire
connaissance avec cette Belcolore si horrible et toutefois si
enivrante héroïne d'un de ces poèmes si artistement tra-
vaillés sous leur aimable apparence de facilité et de laisser-aller, où la folie se marie à la raison, le rire aux larmes,
le décolleté à la morale, et comme Alfred de Musset sait
seul les signer.

Ce poème intitulé : *La Coupe et les lèvres*, a pour
théâtre le Tyrol. Franck, jeune et robuste chasseur, est
dévoré de cette maladie de l'âme qu'on nomme l'ambition,
qui mène à tout... à la gloire... au crime! L'air de ses

montagnes lui pèse, leur horizon lui semble rétréci, et un
beau jour, après avoir brûlé sa chaumière, il part, abandon-
nant son vieux père et la compagne chérie de sa jeunesse,
Déidamia. Où va-t il? Il l'ignore, mais il se fie à son étoile,
et cette étoile, dès le premier pas, le fait trébucher dans
les bras d'une courtisane, Monna Belcolore la florentine,
dont il tue l'amant, le palatin Stranio.

> Ah! malheur à celui qui laisse la débauche
> Planter le premier clou sous sa mamelle gauche!
> Le cœur d'un homme vierge est un vase profond :
> Lorsque la première eau qu'on y verse est impure,
> La mer y passerait sans laver la souillure,
> Car l'abîme est immense, et la tache est au fond.

Aussi c'est en vain que, s'arrachant des bras de cette
belle impudique, Franck vole aux combats et rachète ces
jours de honteuse mollesse en se couvrant de gloire. Belcolore la courtisane, ô terrible vengeance de la morale outra-
gée qui s'est appesantie sur plus d'un, Belcolore l'aime et
le poursuit jusque dans son camp, jusque dans son palais;
c'est en vain que Franck retourne dans ses montagnes et
offre à Déidamia les restes d'un cœur fatigué de faux plaisirs
et d'une âme rassasiée de vaine gloire, Belcolore le suit,
et plutôt que de voir s'accomplir un hymen qui lui ôte son
dernier espoir, elle plonge son stylet, d'une main sûre,
dans le sein de sa rivale. Franck vengera-t-il Déidamia?
Le poëte ne nous le dit pas, mais s'il fallait achever le
poème par un dernier tableau, nous montrerions Franck
poursuivant Belcolore dans le premier mouvement de sa
colère, puis s'arrêtant au moment de l'atteindre, s'eni-
vrant de nouveau de la volupté de ses regards, trébuchant

encore dans ses bras, et, revenu à lui-même, l'esprit troublé par le remords et ne voyant plus dans Belcolore que
l'instrument de sa perte et l'assassin de sa fiancée, la tuant
et se perçant ensuite lui-même le cœur sur le cadavre de
cette misérable.

Voyons maintenant si, dans la magnifique tête envoyée
par M. H. Lehmann et qui comptera désormais parmi les
joyaux de notre Musée, l'artiste a bien rendu le caractère
de la Belcolore, tel que le poëte l'a compris. Nous répondrons avec Alfred de Musset :

> Voilà bien ce beau corps, cette épaule charnue,
> Cette gorge superbe et toujours demi-nue,
> Sous ces cheveux plaqués, ce front stupide et fier,
> Avec ces deux grands yeux qui sont d'un noir d'enfer.
> Voilà bien la sirène et la prostituée ;
>
> . . . .
> Quelle atmosphère étrange on respire autour d'elle !
> Elle épuise, elle tue, et n'en est que plus belle.
> Deux anges destructeurs marchent à son côté ;
> Doux et cruels tous deux, — la mort, — la volupté.

Le nom seul de Belcolore ne se justifie peut-être pas
complètement dans l'œuvre du peintre, mais, pour la forme
des traits et pour leur expression, le poëte et l'artiste se
sont parfaitement confondus, œil pour œil, front pour
front.

Le relief et le modelé de cette tête sont d'une puissance
admirable. Les contours en sont fermes, sans dureté, les
traits sont d'une finesse et d'une pureté parfaite, sans sécheresse. Les ombres seulement, bien qu'aujourd'hui transparentes et conformes aux meilleures règles du clair-obscur,
surtout en considérant que cette figure, placée dans une

loge de spectacle est censée éclairée par la lumière du lustre, les ombres nous semblent un peu trop noires. L'artiste, et en cela il a suivi l'exemple de bien d'autres, n'a pas assez calculé l'effet du temps qui, au bout d'un certain nombre d'années, double presque toujours les ombres d'intensité par cette double opération chimique du ressort des huiles et de l'absorption des clairs par le vernis.

Le regard de cette tête est net, fixe, assuré, c'est celui d'une femme qui connaît à point nommé sa puissance de fascination. Chez elle, rien de candide, mais rien de coquet non plus. Sa coquetterie, c'est de n'en pas avoir. Ce regard vous attire, quoi que vous en ayez, non par le feu ou le mouvement de sa large prunelle, mais par son immobilité même et par une sorte de charme répulsif. Cette bouche ne sourit point; elle ne vous adresse pas de baiser, elle ne vole point au devant de vos lèvres, elle ne dit point : je t'aime, — mais : tu m'aimeras. Cette bouche ne sourit point; est-elle dédaigneuse? pas même. Elle est, comme l'œil, immobile. Cet œil est immobile, ai-je dit, cette bouche est immobile; oui, mais œil et bouche sont immobiles comme sont immobiles les grands flots de l'Océan, quand ils veulent convier le navire renfermé dans le port à déployer ses voiles, pour quand, loin du rivage, ils sentiront leur proie à l'abri de tout refuge, se soulever alors écumeux et bondissants, et appelant à leur aide et les cataractes du ciel et les souffles de l'aquilon, et les éclats de la foudre, l'engloutir pour jamais dans l'abîme.

Les étoffes et les fourrures de ce portrait sont peintes avec une extrême habileté, mais quelques-uns ont trouvé un léger défaut d'ensemble dans la figure ; ils ont critiqué le mouvement des épaules ; ils ont prétendu que la main droite était cassée, et l'avant-bras gauche mal emmanché, boursoufflé et terminé de la façon la moins gracieuse au poignet, la main étant complètement perdue derrière l'appui du balcon. Sans admettre ni rejeter absolument aucun de ces défauts, dont le premier pourrait peut-être se justifier et le second se nier, peut-on s'y arrêter longtemps

Devant ces deux grands yeux qui sont d'un noir d'enfer?

Un charmant portrait de femme, fort remarqué aussi à l'Exposition, était celui de Mme *Sotta*, peinte par son mari, à qui son talent facile et gracieux a conquis depuis plusieurs années une si légitime réputation dans notre cité devenue la sienne. La pose de ce portrait est très-heureuse, pleine d'une grâce pudique et d'une naïve coquetterie. Il y a presque une vague réminiscence de Raphaël. M. Sotta s'est souvenu, en le peignant, qu'il y avait en lui du sang italien. Que dis-je? Il s'est souvenu! Il ne s'est souvenu de rien, il n'a eu qu'à copier la nature, et même nous pouvons affirmer qu'à peine s'est-il montré mari galant, car le modèle est fort au-dessus de la copie.

M. Sotta a exposé plusieurs autres portraits, tous remarquables par une grande facilité de pinceau, un coloris vrai et agréable, des poses aisées et naturelles. Nous citerons seulement celui de M. *Haudaudine*, le *Régulus Nantais* qui, tombé au pouvoir des Vendéens en 1793 et renvoyé par eux, à Nantes, pour demander un échange de prisonniers, revint reprendre ses fers, bien qu'il n'eût pu obtenir cet échange, et qu'à cette époque d'ardentes passions il y eût pour lui danger réel de mort dans le premier mouvement de mécontentement des royalistes. Ce portrait, d'une très-exacte ressemblance, est une des plus belles œuvres de M. Sotta. Il est, en outre, pour notre cité, d'un intérêt tellement historique, que nous ne saurions trop engager nos édiles à en commander la copie à M. Sotta, pour orner, soit notre Musée, soit mieux, la Mairie. Ce serait pour la mémoire de M. Haudaudine la plus digne récompense, et, pour la jeune génération, le plus puissant stimulant, pour lui faire, en ce temps surtout d'agitations politiques où les plus solides consciences hésitent parfois incertaines, comprendre que la devise de l'honneur est : *Quand même !* et qu'il ne connaît ni les si ni les mais.

Un jeune artiste nantais, M. *Léon Bouchaud*, élève de Coignet, et dont les études se sont fortifiées et complétées en Italie, a débuté cette année dans le portrait d'une manière éclatante. C'est son propre portrait que nous offre M. Bouchaud, et il s'en faut de bien peu que ce ne soit un chef-d'œuvre. Pour la beauté de la peinture et l'habileté du pinceau, ce portrait ne laisse rien à désirer. C'est une tête digne du Bronzino, et que signeraient tous les grands maîtres. Les yeux et le front surtout sont peints avec une perfection inimitable. On ne saurait trop admirer non plus l'adresse avec laquelle la barbe est implantée dans le tissu cellulaire de la peau et vient se lier aux chairs d'une manière, pour ainsi dire, insensible. Le coloris de ce portrait n'est point malheureusement irréprochable. M. Bouchaud a surtout étudié les grands maîtres florentins, et leur a emprunté leur sévérité de dessin, leur fermeté de modelé. Qu'il aille maintenant à Venise et s'essaie à ravir au Giorgion et au Titien le secret de leur couleur. Nul doute, avec les heureuses dispositions dont la nature l'a doué, qu'il n'y parvienne aisément. Le contour du nez, et surtout celui de la joue placée dans l'ombre, nous ont paru aussi un peu durs; légèrement adoucis et fondus, la tête n'en tournerait que mieux. Puis nous engageons M. Bouchaud à se méfier des clairs appliqués sur les ombres pour les atténuer. Il en résulte des tons lourds et opaques qu'il ferait mieux d'éviter.

La commission de l'exposition, frappée à l'unanimité du mérite de cette œuvre et de sa perfection magistrale, pour me servir d'une expression à la mode dont on abuse souvent à l'endroit de rapins de troisième ordre, ayant exprimé à M. Bouchaud le désir de voir son portrait orner désormais notre Musée, cet artiste y a généreusement consenti. Nous le remercions d'avoir compris, sans balancer, tout ce que le vœu de la commission avait d'honorable pour lui. L'épreuve du voisinage des vieux maîtres n'a, du reste, été pour l'œuvre de M. Bouchaud, qu'une nouvelle occasion de triomphe, ainsi que chacun pourra s'en convaincre désormais.

M. Bouchaud, nous a-t-on dit, était doué de moyens remarquables comme mécanicien, et, vers l'âge de 15 ans, il fit le modèle d'un bateau à vapeur qu'on peut voir encore dans son atelier. Il y a, dans ces dispositions diverses, quelque chose qui rappelle Léonard de Vinci et les grands artistes du XVI.ᵉ siècle, mais nous ne saurions regretter que M. Bouchaud se soit définitivement lancé exclusivement dans la carrière de la peinture. S'il s'élève, dans l'histoire, à la hauteur que peut légitimement faire présager son portrait, ce sera non-seulement un des artistes les plus éminents que Nantes ait produits, mais une des gloires artistiques de la France.

Deux beaux dessins au crayon noir, d'un travail achevé, *la Joconde* et la *Leçon de musique*, l'un, d'après Léonard de Vinci, l'autre, de la composition de M. Bouchaud, font assez connaître par quelles études consciencieuses on arrive ainsi au rang des maîtres.

Mlle *Gengembre* nous avait adressé un contingent d'œuvres de tous genres, et surtout de portraits, très-considérable, trop même. Il est, croyons-nous, d'une bonne politique pour un artiste, fût-il même de premier ordre, de n'exposer que ses œuvres les mieux réussies. Il ne faut jamais traiter le public familièrement, ce n'est point un ami, c'est un juge. Nous pourrions citer plusieurs artistes qui, pour avoir voulu ainsi exposer des œuvres médiocres, inachevées ou insignifiantes, sont parvenus à gaspiller la réputation la plus solidement établie. Mlle Gengembre n'a point encore de réputation à gaspiller, elle en a une à se créer; or, elle serait la première à reconnaître que plus des deux tiers des productions qu'elle a exposées ne pouvaient en rien contribuer à amener ce résultat, et, tout au contraire. Elle eût dû borner son envoi aux portraits très-ressemblants, ce qui est un mérite, de M. *Simon*, maître de chapelle de la cathédrale, de M. *de Kontski*, le célèbre violoniste, au sien propre, doué d'une énergie de physionomie peu commune, enfin et surtout, au portrait de sa mère. L'amour filial, on peut le dire, a doublé les puissances artistiques de Mlle Gengembre, et le portrait de sa mère, bien peint et bien dessiné, donne la mesure de ce qu'elle pourra faire quand elle voudra s'en donner la peine. C'était, sans contredit, une des meilleures toiles de l'exposition. Garde à vous, M. Sotta !

M. *Fortin*, dont nous avons déjà eu occasion de parler
en traitant des tableaux de genre, avait exposé un *portrait*
presque en pied et fort remarquable de M. *Chérot*. Ce portrait, peint d'une manière consciencieuse et solide, était
d'une grande harmonie de couleur. Nous croyons cependant devoir reprocher à M. Fortin l'abus des ombres vigoureuses. Ce défaut était surtout saillant dans les mains
du portrait de M. Chérot. Ces mains, en outre, nous ont
paru trop petites par rapport à la tête.

Un des tableaux dont le public a été le plus vivement
impressionné, est celui de M.lle *Amanda Fougère*, intitulé
Deux Orphelines, et qui a valu, à Paris, à cette jeune artiste, la grande médaille d'or au Salon de 1847. Rien de
plus simple que la manière dont M.lle Fougère a conçu son
sujet, et cette simplicité même, jointe à la vérité des expressions, explique son succès. Sur le bord d'un lit s'appuient deux jeunes filles : l'une, l'aînée, est une charmante
brune dont la physionomie est empreinte du double sentiment de la douleur et de l'inquiétude; de la douleur, car
le souvenir de ses pauvres parents, si tôt ravis à son amour,
lui est toujours présent; de l'inquiétude, car l'avenir est
long, et, loin d'avoir un appui pour l'aborder sans effroi,
c'est elle, désormais, qui doit servir d'ange gardien à sa
jeune sœur, belle enfant de 7 à 8 ans, aux cheveux bouclés
et dorés, qui joint ses deux mains pour prier, en levant au
ciel ses grands yeux bleus, pleins d'une foi naïve et confiante. Le gracieux contraste de ces deux physionomies a
été très-bien saisi et rendu par M.lle Fougère, et en cela
consiste surtout le mérite de son œuvre peinte, on ne peut

se le dissimuler, dans beaucoup de parties, avec mollesse et indécision. Mlle Fougère, élève de Steuben, est, du reste, à bonne école pour se perfectionner et acquérir cette fermeté de manière, cette largeur de touche qu'on est d'autant plus en droit d'exiger aujourd'hui, qu'elles sont devenues qualités communes. Que Mlle Fougère complète ainsi son talent ; elle possède déjà chose bien plus rare, le don de l'expression, et nous n'aurons que des éloges à lui donner.

Un de nos meilleurs professeurs de dessin, M. *Antony Meuret*, dont nous avons déjà loué la belle esquisse des *Juifs captifs à Babylone*, avait exposé plusieurs portraits, les uns à l'huile, les autres aux crayons noir et blanc, et rehaussés d'aquarelle. Nous préférons ces derniers, bien qu'on y remarque aussi cette tendance à trop creuser les moindres rides, à trop gonfler les moindres veines dont le *portrait à l'huile de M. Edouard de Kersabiec* nous présentait surtout l'étrange exagération. Nous engageons, en outre, M. Meuret à modifier cette teinte de jaune brique qu'il applique indistinctement sur tous ses portraits au crayon, dont nous ne saurions d'ailleurs trop louer la correction presque habituelle de dessin, la pose aisée et naturelle, les heureux ajustements et l'extrême ressemblance.

Un de ces portraits, celui d'un jeune élève de marine, nous avait surtout frappé par l'expression de gaîté, d'entrain, de vie et de jeunesse dont il était empreint. Hélas ! au moment même, où, devant ce portrait, du fils de M. Ed. de Kersabiec, nous disions : Heureux parents ! celui-ci ne saurait manquer de vous fermer les yeux ! un vaisseau entrait dans le port, qui apportait la nouvelle de sa mort ;

M. Jean de Kersabiec avait succombé le 7 mars des suites de blessures reçues quelques jours auparavant dans une expédition destinée à venger trois de nos missionnaires massacrés et mangés par les insulaires de Saint-Christoval dans l'Océanie. En rendant compte à son infortuné père de cette mort funeste, le commandant de l'*Ariane*, M. du Taillis, écrivait à son père: Tous, officiers et matelots, avons pleuré ce jeune homme, auquel l'avenir réservait une si glorieuse carrière. — Que pourrait-on ajouter à cette si belle et si simple oraison funèbre?

Parmi les autres portraits, il nous reste à signaler ceux de M. *Lemaître*, bon peintre et bon dessinateur, mais auquel on peut reprocher de la froideur et de la sécheresse; de M. *Vilaine*, dans lesquels on retrouve toutes les qualités que nous avons déjà été heureux de signaler chez ce jeune artiste; de M. *Talec*, toujours habile dessinateur, et dont les portraits aux deux crayons nous paraissent surtout dignes d'éloge; de M. *Brune*, artiste de Paris, dont le talent ferme, puissant et vigoureux se révélait dans deux magnifiques têtes d'étude que nous eussions été heureux de voir acheter pour le Musée; les jolies miniatures de M. La Place, d'Angers; les pastels gracieux et coquets, mais un peu mous, de Mme Meynier, née Zoé Coste; ceux de M. *Blondel*; enfin, et surtout la belle et grande aquarelle de M. *Charles Doussault* représentant *Henné Hannahouri*, jeune fille de Damas, en Syrie.

M. Charles Doussault, élève d'Eugène Devéria, est né à Rennes. — Il a fait en Orient un séjour de plusieurs années, a eu l'honneur d'y peindre, à Constantinople, sa hautesse Abdoul-Medjid, et en a rapporté des portefeuilles pleins de vraies richesses artistiques. Doué de rares qualités de cœur et d'esprit, il écrivait, pendant son long pèlerinage, des lettres aussi charmantes que curieuses, adressées à divers amis, et dont plusieurs ont paru dans le feuilleton du *Breton*, sous le titre de : *Un Peintre en Voyage*. Le journal l'*Illustration* a aussi donné quelques portions de ces récits, et les a complétés en faisant graver plusieurs des sites curieux ou des scènes pittoresques rapportées par M. Doussault, surtout des provinces si peu connues de la Moldavie et de la Valachie. Il serait à désirer que le Gouvernement vînt au secours de M. Doussault, pour l'aider à publier avec un soin plus digne d'eux tous ces beaux croquis.

M. Doussault nous était déjà connu par son ravissant tableau de la *Vierge aux Anges* placé à Saint-Pierre, et qu'il fit à son retour d'un premier voyage en Italie, sous l'impression vive et récente des œuvres d'une grâce si mystique de Fra Angélico, dit le Fiesole. Le portrait de *Henné Hannahouri* que nous offre aujourd'hui M. Doussault ne peut que confirmer parmi nous sa juste réputation. — Comment, au reste, devant cette magnifique créature, belle de jeunesse, belle de forme, belle de traits, belle d'expression, M. Doussault, un artiste ! ne se fût-il pas senti inspiré? Simon eût-il été digne de contempler pendant des heures entières ces grands yeux noirs si vifs et si langoureux à la fois, qui semblent l'apanage des filles de l'Orient ? La pose est simple, naturelle, pleine de noblesse, de distinction et d'abandon. Le costume est ajusté avec un goût infini, le coloris est doux, agréable, harmonieux. Ne manque-t-il pas de quelque vigueur ? Et la tête toute gracieuse qu'elle est n'eût-elle pas aussi gagné à être un peu plus modelée? Nous disons: un peu plus, et non : tout à fait ; car il est évident que nous n'avons jugé ce portrait qu'au point de vue où s'est placé lui-même M. Doussault, c'est-à-dire comme une heureuse imitation des peintures orientales, telles que nous les connaissons d'après les manuscrits chinois, indiens et persans.

Derrière Henné Hannahouri, au milieu d'un lambris orné d'élégantes arabesques, sont écrits deux vers où se respire le plus pur parfum de la poésie orientale, et dont M. Doussault a bien voulu nous donner la traduction : *Dieu, dans un jour de bonté, donna trois choses à l'homme : la femme, l'ombre des forêts et le cristal des ruisseaux.* En face d'une Henné Hannahouri qui ne répéterait volontiers ce charmant distique? Et surtout si, s'animant tout à coup sous le souffle de notre désir comme la statue de Pygmalion, la belle Syrienne venait le redire avec nous *à l'ombre des forêts, sur le bord du cristal des ruisseaux.* Mais nous nous faisons, je crois, Musulman.

Hélas ! ce n'est point en compagnie d'une Henné Hannahouri, mais d'une femme qui en diffère presque du tout en tout, que nous allons nous enfoncer dans ces bois, arpenter ces plaines, fouler ces prairies, gravir ces montagnes, naviguer sur ces lacs et ces mers, dont tant d'artistes distingués nous ont offert la reproduction plus ou moins fidèle. La femme dont nous parlons n'est pas laide précisément, et sa vertu est à l'abri de tout reproche. Mais il ne se saurait imaginer une expression de figure plus jalouse et plus soupçonneuse, un caractère plus susceptible , plus ombrageux , plus maussade, plus rechigné, plus taquin et plus hargneux. A ces aimables traits n'avez-vous pas, Messieurs, reconnu, et d'autant plus, qu'entrée avec nous à l'Exposition , elle n'a point encore voulu nous quitter : la Critique, puisqu'il faut l'appeler par son nom. Plusieurs fois déjà nous avons cherché à l'attendrir, à la faire sourire , à la rendre enfin d'un commerce plus agréable ; peine perdue! elle se retranche sur sa vertu et jette les hauts cris. En vain je lui représente qu'elle se fait des ennemis, qu'elle va m'en créer de tous côtés, elle parle de viol et d'assassinat, m'appelle lâche, et tout à la fois , néanmoins , en me faisant , croyant sourire , sa plus laide grimace , me jure qu'elle m'adore, et ne veut point me quitter. Quel terrible amour! et qu'il ressemble furieusement à de la haine !

PAYSAGES ET MARINES.

Sur moins de 400 tableaux dont se composait l'Exposition , les peintres de paysage et de marine en avaient fourni près de 200 ; tant s'en faut cependant que nous ayons beaucoup d'œuvres saillantes à enregistrer , ni à beaucoup près que notre Exposition, en ce genre, comptât une seule page dont le mérite se pût comparer, par exemple , à celui du portrait de Mme Hersart ou de la Belcolore.

Il existe, sur l'art du paysage, un singulier préjugé, qui consiste à faire regarder son étude comme des plus aisées; et cependant combien comptons-nous en France de grands paysagistes depuis la renaissance des arts, c'est-à-dire depuis trois siècles? Quinze à vingt environ : Le Poussin, le Guaspre, le Lorrain, Bourdon, Patel, Watteau, Desportes, Oudry et Vernet, dans l'ancienne école; et, de nos jours, Decamps, Bonington, Marilhat, Jules Dupré, Rousseau, Corot, Aligny, Joyant, Cabat, Diaz, Isabey.

Que l'on considère, en effet, tout ce que doit ou devrait savoir un vrai paysagiste, les ciels, les eaux, les arbres, les plantes, les rochers, les montagnes, les terrains, l'architecture, la perspective, les animaux et quelque peu de figure; certes, c'est là un très-long et très-difficile alphabet. Supposons, cependant, qu'un artiste en connaisse, du moins, les principaux caractères, et qu'il y joigne l'art du coloris, la science de la composition, la délicatesse et l'habileté du pinceau, le déclarerons-nous, pour cela, paysagiste? Non, pas encore. Tout cela, c'est beaucoup, et ce n'est presque rien.

Si, en effet, à la vue de ce vallon solitaire, mon imagination ne se transporte à l'instant loin des murs empestés de la cité; si je ne respire un air plus pur, et m'assoyant sur le bord de cette onde limpide, si je n'oublie et le monde, et ses misères, et ses combats d'où, vainqueur ou vaincu, on sort toujours sanglant; — si, sous l'impression de ces nuages amoncelés à l'horizon, de ces arbres se tordant sous la violence du vent, de ces troupeaux et de leurs conducteurs fuyant épouvantés, je ne me trouble moi-même, et m'agite, et m'effraie, et ne joins ma voix émue de terreur à tous les bruits de la tempête; — si, sous cette épaisse feuillée, je n'éprouve un charme mélancolique mélangé d'une crainte secrète et confuse, qui me fasse comprendre pourquoi nos pères abritaient dans la profondeur des forêts les sanctuaires de leurs divinités; —

si, devant ce frais bosquet où, sur la fin d'un beau jour, Tircis et Glycère devisent d'amour et scellent d'un baiser leurs tendres serments, je n'éprouve, au milieu de l'air attiédi, je ne sais quel sentiment de mollesse et quel frémissement de volupté; — si, au milieu de ce cloître en ruine dont l'astre des nuits éclaire de ses pâles rayons les dernières ogives, je ne songe, silencieux et recueilli, à ce temps qui nous emporte, détruisant tout, les mœurs, les institutions, les hommes et les empires, et m'agenouillant sur cette dalle brisée, si je ne prie pour ceux qui ne sont plus; — ô vous qui avez reproduit et ce vallon, et cet ouragan, et cette forêt, et ce bosquet, et ce cloître éclairé par la lune, vous ne méritez pas le nom de paysagiste; vous n'êtes qu'un faiseur plus ou moins habile de daguerréotypes coloriés!

Parmi ceux qui nous paraissent, cette année, s'être tenus le plus près des conditions de l'art, nous citerons en première ligne M. *Coignard:* non que peut-être ce jeune débutant puisse encore rivaliser avec *Jules Dupré* et *Louis Cabat*, deux des plus illustres chefs de l'école moderne de paysage, qui, eux aussi, n'ont pas dédaigné de se faire représenter à notre exposition; mais l'*Approche de l'Orage*, de *Jules Dupré*; la *Forêt*, de *Cabat*, ne sauraient, selon nous, donner qu'une idée bien incomplète de leur merveilleux talent. Ce sont de leurs moins bons tableaux, et leurs défauts, qu'il serait ici sans intérêt de rappeler, étaient si saillants qu'ils ont frappé nos moindres connaisseurs. M. *Coignard*, au contraire, nous avait adressé, sous le titre de: *Vaches rentrant du pâturage* et *Vaches à leur dormoir*, deux charmants tableaux vrais et harmonieux de coloris, simples de composition, piquants d'effet et pleins d'un profond sentiment de la nature. La commission n'a été que juste en enrichissant notre Musée d'une de ces deux belles pages, celle qui représente des *Vaches revenant du pâturage.*

En choisissant, pour éclairer cette scène, l'heure où le soleil déjà descendu au-dessous de l'horizon n'illumine plus que la partie du ciel la plus basse, c'est-à-dire la plus rapprochée de ses derniers rayons, M. Coignard s'était créé une grande source de difficultés ; il s'en est tiré avec un rare bonheur. Il n'a point hésité à peindre, dans un effet complet de forte demi-teinte, ses arbres, ses eaux, ses terrains, ses animaux, et cependant son tableau est si transparent, si translucide d'un bout à l'autre, tous les plans sont si bien indiqués, tous les objets si en relief, et tout s'y fond dans un si bel ensemble, qu'au bout d'un moment on vient à s'absorber complétement dans la poétique contemplation de cette toile. Une placide rêverie, un engourdissement plein de charme s'emparent de tout votre être, et l'on s'identifie avec toute cette nature qui, bientôt elle-même, va s'endormir bercée par les mystérieuses harmonies de la nuit. On oublie et le monde et soi-même ; que dis-je ? on oublie que l'on est un critique, c'est-à-dire, nous en sommes convenus, l'être le plus hargneux et le plus susceptible, Argus aux cent yeux, obligé de tout voir, qui n'a pas le droit de s'endormir, et a pour devoir d'engager M. Coignard à soigner davantage ses animaux si vrais de couleur, de pose et d'expression, mais monotones de formes, parfois incorrects et peu soignés dans les détails. Sous ce rapport, sans tomber dans un fini peut-être exagéré, et qui, d'ailleurs, ne cadrerai plus avec sa manière plus large et plus vraie de paysage, M. Coignard ferait bien d'observer les œuvres du maître bruxellois *Verboeckoven*, dont quelques œuvres fort admirées enrichissaient notre Exposition, grâce à la complaisance d'amateurs distingués de notre cité.

Un tableau bien éloigné, selon nous, comme mérite, de ceux de M. Coignard, mais qui, cependant, partageait avec eux la faveur du public, était l'œuvre de M. *C.-S. Hugard*, et représentait la *Vallée de Sixt, en Savoie.* Un beau site, un grand cachet de vérité, de la grâce, de la fraîcheur, l'entente de la perspective aérienne et un pinceau facile, justifiaient, du reste, surabondamment cette faveur dont M. Baudoux, lui-même artiste éclairé, s'est rendu près de l'artiste le meilleur interprète, en lui achetant son tableau. Les qualités que nous avons signalées n'ont pu toutefois nous fermer les yeux sur la mollesse, la petitesse et la monotonie de la touche, surtout dans le feuillé et dans les premiers plans, sur la lourdeur des nuages, le cotonneux des eaux, le manque de force et de vigueur dans l'effet. M. Hugard nous semble appartenir à cette école de paysage facile, vraie, correcte, consciencieuse, à laquelle on n'a précisément aucun défaut grave à reprocher, mais à laquelle manquent aussi les fortes et essentielles qualités, la vigueur du coloris, la puissance de l'effet, l'originalité de la composition, l'imprévu et la hardiesse des lignes et des formes, le sentiment intime et profond de la nature, ce je ne sais quoi, en un mot, qui fait qu'on est soi et non un autre, qu'on est un homme de génie et non un homme de talent, qu'on excite l'admiration, tandis que le talent ne s'attire que l'estime, qu'on s'appelle Salvator, Poussin, Claude, Ruysdael, Hobbéma, Watteau, Decamps, Cabat ou Dupré; — et non Valenciennes, Bertin, Michallon, Watelet, Rémond, Coignet, tous artistes distingués, mais qui se valent, se ressemblent, se confondent dans une même ligne et une même manière, dont un seul donne la mesure et dispenserait, pour ainsi dire, de tous les autres.

Nous avons, ceci disant et l'exprimant avec une franchise peut-être un peu âpre, donné de suite notre opinion sur les œuvres, non-seulement de M. *Coignet* que nous avons cité, parce qu'il est incontestablement aujourd'hui le plus habile parmi les nombreux paysagistes auxquels nous faisons allusion, mais encore de MM. *Alphonse Robert, Lapito, Bourgeois, Justin Ouvrié, Hippolyte Lanoue, Léon Fleury, Pâris, Baudillon, Ricois, Testé, la Michellerie, Deschamps, Villeret*, et de M.lle *Léonie Cholet*. Il est donc assez inutile de nous arrêter sur les mérites ou les défauts plus ou moins saillants de leurs productions. Toute différence, dit Gœthe avec une grande justesse, qui n'apporte rien à l'intelligence, n'est point une différence. — Cependant nous serions injustes si, parmi tous ces artistes, nous ne distinguions d'une façon plus particulière, M. *Alphonse Robert*, peintre habile de la manufacture de Sèvres, auteur de quelques lithographies très-recherchées des amateurs, et qui, dans sa *Vue de la Forêt de Fontainebleau*, dont l'ensemble est peut-être un peu froid, et dont les verts sont trop monotones, s'élève toutefois à une grande hauteur, et, à force de talent, atteint presque au génie.

Se tenant bien près de cette école, capable cependant, avec moins de défiance de ses forces, de parvenir au-delà, nous devons signaler M. *Gaulois*. Sa *Saulaie* est un tableau généralement bien peint et bien dessiné, où se respire un sentiment très-vrai de la nature champêtre. Cette composition laisse cependant le spectateur assez froid, ce qui tient, croyons-nous, d'abord, à l'insignifiance d'un site qui pouvait être le sujet d'une bonne étude, mais offrait trop peu de plans, de richesse et de variété, pour devenir le motif d'un vaste tableau; puis ensuite, à la teinte d'un bleu pâle et monotone, répandue presque uniformément sur toute l'œuvre. A cela M. Gaulois nous répondra qu'il n'a été que vrai et qu'il n'a pu peindre une saulaie d'un ton brun, rouge ou vert émeraude; mais nous riposterons : en ce cas il ne fallait pas peindre une saulaie, — ou, si vous y teniez absolument, vous deviez choisir quelque effet de soleil ou d'orage, qui vous permît de varier la couleur uniforme de tous ces arbres.— Il semble que ce chêne, d'une facture assez lourde, qui s'élève sur le second plan, vers le milieu du tableau, ait été ajouté après coup par M. Gaulois, pour pallier en partie le défaut que nous venons de signaler ; mais cet arbre gigantesque ne fait qu'écraser la composition, sa teinte sombre se marie mal aux tons bleuâtres du reste du tableau, et contribue encore à faire ressortir leur monotonie.

Nous devons maintenant nous occuper de M. *Charles Leroux*. Ici est, à coup sûr, une des plus grandes difficultés de notre rapport, et sa principale pierre d'achoppement, car peu d'artistes ont été jugés plus diversement par le public. Disons d'abord que, dans notre opinion, M. Leroux, est, et de beaucoup, le meilleur de nos paysagistes nantais. Il y a dans tout ce qu'il produit quelque chose qui frappe, attire, retient, et c'est un droit qui n'appartient qu'aux génies véritablement artistiques. Tant s'en faut, cependant, qu'aucune œuvre de lui, même parmi ses mieux réussies, nous ait jamais complètement satisfait. Et cela provient d'une fatale erreur que M. Leroux partage avec bien d'autres. Il est de ceux, en effet, qui se vantent de n'avoir jamais eu de maître que la nature. Mais quoi? Raphaël en est-il moins Raphaël pour avoir eu pour maître le Pérugin? Et Rubens en est-il moins Rubens pour avoir reçu des leçons d'Otto-Vœnius? Beaucoup de médiocrités, je le sais, et c'est là la principale objection, sortent de l'atelier des artistes célèbres. Mais, croyez-moi, le génie ne s'aplatit point aisément, même sous la férule du professeur le plus absolu dans ses principes et ses théories. Si beaucoup de grands artistes sont morts sans avoir laissé un élève digne de leur ramasser leur pinceau, c'est, qu'après tout, le génie est chose rare, et c'est ce qui fait qu'il est le génie. Toutes ces honnêtes médiocrités, d'ailleurs, nous causent parfois un vrai plaisir, soit par une certaine facilité de pinceau, soit en rappelant dans leurs productions celles de leurs maîtres, et souvent assez fidèlement pour que, dans la postérité, elles aillent se confondre avec elles. Quan à l'artiste de génie, de doctes leçons, loin de lui nuire en aucune façon, ne font que lui abréger énormément ces études préliminaires si longues et si difficiles, quand on ne veut tenir nul cas de l'expérience et des conseils de ceux qui vous ont précédés dans la carrière, et n'admettre aucun intermédiaire entre soi et la nature.

Ce sont ces leçons et ces conseils qui ont manqué à M. Leroux, leçons et conseils qui eussent, pour ainsi dire, aiguisé ses outils, perfectionné son instrument d'action, et c'est en vain que, par un travail persévérant, il cherche jusqu'ici à y suppléer ; il y arrivera, sans doute, mais ces tâtonnements et ces recherches sont autant de temps perdu pour une solide réputation. M. Leroux a l'instinct du paysagiste, il en a le courage, il n'en a pas suffisamment la science. L'instinct, oui ; car les sites de ses tableaux sont généralement bien choisis, surtout au point de vue de la nature agreste. La science, non ; car les lignes et la plupart des détails manquent le plus souvent de style et d'élégance. L'instinct, oui ; car M. Leroux a un profond sentiment de la couleur, il ne peint pas avec deux ou trois tons de convention, comme l'école de Bertin père ; M. Leroux, lui, trouve à peine assez de couleurs chez les chimistes pour rendre l'excessive variété de tons dont la nature lui semble prodigue, surtout dans les arbres et les terrains, et souvent il y a dans ses tableaux des coins charmants de réussite sous le rapport de la finesse et de la beauté du coloris. La science, non ; car il aurait dû apprendre de cette école que je critiquais tout à l'heure, qu'à des masses très-faites, très-épignochées, pour me servir d'un terme d'atelier, doivent s'opposer des masses tranquilles, sourdes de ton et simples de travail, pour reposer la vue et concentrer l'attention sur la partie principale de la composition. Il oublie trop que, par suite de la perspective aérienne, tous ces tons variés de la nature se fondent dans une suite de gammes souvent assez prolongées d'où résulte l'harmonie. Il semble qu'il se serve toujours d'une lunette d'approche pour voir et se grossir démesurément les formes et les plus légers détails de couleur jusque dans les plus extrêmes lointains. Nous sommes convaincus que M. Leroux ne doit posséder dans sa boîte d'artiste que des brosses échevelées et pas le moindre blaireau. A peine pourrait-on trouver dans ses tableaux un pouce carré de teinte plate, et ses paysages ressemblent souvent à des pièces de marqueterie ou de mosaïque. Je sais qu'en s'éloignant beaucoup ce défaut disparaît en partie, et que l'effet des œuvres de M. Leroux ne manque pas alors d'une certaine puissance, et rend jusqu'à un certain point l'aspect de la nature; c'est parce que je le sais, c'est parce que, travailleur opiniâtre comme il l'est, jeune encore, sentant, chose si rare chez nos artistes, le charme de la couleur, aimant la vraie nature et non la nature de convention, l'étudiant et luttant avec elle au milieu des champs et non pas seulement dans son atelier, il y a chez lui toute l'étoffe d'un bon paysagiste, que j'ai cru devoir hasarder ces diverses critiques. On ne les prodigue pas à des artistes sans valeur. — Mais je n'en dirai pas moins en finissant à M. Leroux : Continuez d'étudier, et beaucoup, la nature, le grand maître, mais étudiez aussi ceux auxquels elle a révélé une partie de ses secrets, Winants, Hobbéma et Ruysdael surtout, dont votre manière se rapproche et dont les paysages admirables, de loin, pour la vigueur de l'effet, la fermeté des ombres, le brillant de la lumière, sont de près touchés avec un esprit, une netteté et une sûreté de main admirables, et le désespoir aussi, je le sais, de plus d'un artiste.

Sans nous arrêter à appliquer ces observations en détail à chacune des œuvres de M. Leroux, nous nous contenterons de dire que de tous ses tableaux, le plus près du bien était, selon l'avis des amateurs, sa *Lisière de bois au Soultiers* (Poitou); il s'en fallait de bien peu que ce ne fût un petit chef-d'œuvre. Qu'il s'étudie lui-même dans ce tableau où ses qualités brillent au plus haut degré, où ses défauts disparaissent presque entièrement.

Les observations que nous avons émises au sujet de M. Leroux s'appliquent, avec bien plus de vérité encore, à M. *Chérot*. Il y a, dans les tableaux de cet amateur, assez de défauts, pour les mettre, jusqu'ici, au-dessous d'une critique approfondie, assez de qualités pour faire regretter qu'il ait consacré trop peu de temps et d'étude pour en tirer parti.

N'aurait-il d'autre mérite, M. *D'Andiran* pourrait, du moins, revendiquer celui d'avoir été le plus fécond de nos exposants. — 40 tableaux, dessins et lithographies, tel était son contingent; rien que cela! Le public, du reste, n'a pas songé à s'en plaindre, tant, à défaut de puissance et d'originalité, il se trouve de grâce, de naturel et de facilité dans les compositions de cet excellent professeur de Paysage. Nous ferons cependant observer à M. D'Andiran que l'effet de ses dessins n'est pas toujours assez franchement indiqué, que les tons de ses aquarelles ne sont pas d'une justesse irréprochable, surtout dans les ciels et dans les arbres, enfin, que ses tableaux à l'huile, malgré la grande facilité du pinceau et quelques parties bien réussies, sont loin d'être au niveau de ses autres productions : la touche en est petite, l'aspect froid, la couleur souvent fausse et monotone. Nous ne saurions trop engager M. D'Andiran à réserver le peu de temps que lui laissent libre ses nombreux élèves, pour se perfectionner dans la pratique de la peinture à l'huile, et bientôt produire de ces œuvres puissantes et sérieuses, qui lui permettent de compter parmi l'élite de nos bons paysagistes.

Rappelons encore deux belles aquarelles, une *Vue de Clisson* et une *Vue de Saumur*, fausses de ton et froides de touche dans les premiers plans, comme cela se remarque, au reste, dans toutes les productions de M. *Soulès*, mais comme toutes les productions aussi de cet artiste, habilement composées et admirables de perspective aérienne et de perfection de travail dans les seconds plans et dans les fonds ; — de magnifiques dessins d'architecture, par un de nos jeunes et meilleurs architectes, M. *Bourgerel*, qui vient d'élever dans le cimetière de *Miséricorde* le *Mausolée de* l'héroïque et regrettable *général de Bréa* ; enfin des œuvres plus ou moins réussies de M.lle *Rosa Bonheur*, et de MM. *Jules Noël, Adolphe Balfournier, Daligé de Fontenay, A. Gendron, Victor Le Gentile, Constant Troyon, Du Carrey, de Berthoud, Ch. de Tournemine, Triau, Lajart* et de *votre rapporteur* lui-même, s'il peut être encouragé à ce manque de modestie, par les éloges indulgents des critiques qui l'ont précédé, et avant de passer à la Sculpture, arrêtons-nous un moment sur les peintres de *marines*.

MM. *Morel-Fatio* et *François Barry* nous avaient envoyé en ce genre deux œuvres très-remarquables, et qui se sont partagé les suffrages de tous les amateurs. Nous aurions, quant à nous, été fort embarrassé pour décider qui méritait le mieux la palme, soit de M. Morel-Fatio pour la *Fin d'une tempête*, soit de M. Barry pour ses *Pêcheurs à la Seine*. Le tableau de M. Morel-Fatio était d'un effet plus grandiose et plus poétique, les rochers surtout, et les vagues qui venaient briser, contre leurs parois, les restes de leur fureur, étaient peints avec une incomparable supériorité, et si les nuages n'eussent été trop tourmentés, si le vaisseau brisé par la tempête n'eût été disposé d'une façon peu heureuse et trop sur le premier plan, si l'ensemble du coloris, enfin, n'eût été un peu froid et monotone, nous n'aurions eu que des éloges à accorder à cette belle toile. — Mais que de grâce, de charme, de coquetterie, d'agencement pittoresque, dans le tableau de M. Barry! Comme cette barque, d'une jolie forme, est disposée d'une façon heureuse, bien que peut-être elle s'élève un peu trop au-dessus de l'eau! Comme tous ces braves marins tirent leur filet dans un mouvement plein d'entrain et de vérité, et comme on s'intéresse au succès de leur pêche! Que le ciel, surtout, est gracieux, vaporeux, et que le grand vaisseau, si bien assis dans le lointain, s'y fond harmonieusement! Il est seulement à regretter que la couleur de M. Barry, brillante et agréable comme ensemble, tende trop au bleu vert dans ses vagues, qui ont presque la transparence fluide de la porcelaine. Quelques-uns ont aussi trouvé dans ce tableau des rapports avec les compositions de Joseph Vernet. L'observation est exacte : devons-nous la tourner à reproche? Bien que nous n'aimions pas les imitateurs, devant une aussi jolie œuvre, nous n'en avons pas le courage. Un second tableau de M. Barry, intitulé *Un Grain*, était loin d'être à la hauteur de ses pêcheurs à la Seine. Mais nous serions injuste de ne pas encore, en finissant, rappeler une petite marine pleine de vérité, de fraîcheur et de finesse, par M. *Henri Stock*, et représentant une vue des *Côtes* du Calvados.

Arrivons maintenant à la Sculpture.

SCULPTURE.

Notre ville est très-riche en excellents sculpteurs, mais ce n'est qu'en visitant nos places et nos monuments qu'on peut apprécier la plupart de leurs travaux. MM. *Grootaers* ont enrichi la nouvelle église de Saint-Nicolas de statues dont le caractère se lie très-bien au style ogival employé par l'architecte. M. *Thomas Louis*, en outre d'un très-beau rétable en marbre, représentant l'adoration du *Saint-Sacrement* et placé à *Saint-Pierre*, a, également dans la Cathédrale, consacré les ressources du talent le plus ingénieux à réparer les charmants *bas-reliefs* placés autour des premiers piliers de la nef. Plusieurs de ces compositions avaient été si complétement mutilées, lors de nos mauvais jours révolutionnaires, qu'il a fallu les refaire tout à neuf. M. Thomas Louis, par l'étude de ceux de ces bas-reliefs qui avaient été le plus épargnés, s'est tellement pénétré de la pensée de l'artiste original, qu'il sera bien difficile par la suite et lorsque le temps aura donné, aux anciens comme aux nouveaux, une teinte uniforme, de distinguer l'œuvre de l'artiste du XV.ᵉ siècle de celle de notre habile sculpteur contemporain.

Qui ne se souvient, enfin, de cette brillante cérémonie, de cette fête plutôt où les troupes, la garde nationale, les autorités civiles, le peuple, tous enfin avaient voulu s'associer pour célébrer l'inauguration de la statue d'un illustre enfant de la cité, le général *Cambronne*, due au ciseau de notre compatriote *Jean Debay?* Qui n'a entendu, qui n'a retenu dans son cœur cet immense hourra d'admiration, lorsque la toile qui recouvrait cette magnifique statue s'étant écartée, le brave guerrier apparut les yeux enflammés d'une noble indignation comme s'il était encore en face des ennemis de la France et serrant sur sa poitrine, par un mouvement sublime, les derniers lambeaux de son glorieux drapeau ? Nous aurions bien cependant quelques critiques à faire de cette statue, tant au point de vue de la statique du corps que l'on a bien de la peine à s'expliquer, qu'à celui aussi de la composition. Si nous concédons tout éloge pour l'expression de la tête et le mouvement du bras gauche, nous ne saurions nous dissimuler que l'attitude générale de cette figure est celle d'un pourfendeur d'hommes. La bravoure, l'énergie, la fermeté du héros sont bien rendues ; elles eussent pu s'allier avec plus de dignité ; mais il faudrait être animé d'un esprit bien batailleur pour aller chercher matière à procès artistique jusqu'en dehors de l'exposition. D'ailleurs, il est plus que temps de clore cette longue revue, et MM. *Amédée Ménard* et *Édouard Suc* sont là qui réclament encore de nous quelques lignes, pour confirmer du poids de notre faible opinion l'estime que le public fait de leur talent.

Si M. Ménard se fût contenté d'intituler *Étude*, cette figure de jeune fille qu'il a désignée à notre attention sous le nom d'Haydée, nous aurions pu, tout en critiquant ce que la pose peut avoir de légèrement maniéré, et ce que les formes du modèle choisi ont d'éminemment commun, louer sincèrement la facilité de son exécution et l'habileté du faire de certaines parties de son œuvre. Mais ce nom d'Haydée rend notre tâche plus difficile, il réveille en nous tout un monde de poé-

tiques souvenirs, et ce n'est pas devant l'expression de
tristesse si vulgaire empreinte sur le visage de cette statue dont les traits, d'ailleurs, rappellent si peu le type si
pur, si fin, si élégamment correct des filles de la Grèce,
qu'il faut relire ce passage de Don Juan dont M. Ménard a
sans doute voulu s'inspirer en composant son Haydée :
« Je ne sais pourquoi, mais pendant qu'ils contemplaient
le coucher du soleil, un soudain tremblement leur vint et
traversa la félicité de leur cœur, comme le vent qui passe
sur les cordes d'une harpe ou sur une flamme, quand nous
entendons frémir l'une et voyons vaciller l'autre ; un secret
pressentiment les saisit tous deux : la poitrine de Juan exhala
un lent et faible soupir, et une expression inaccoutumée
parut sur le visage d'Haydée. Ses grands yeux noirs et
prophétiques semblèrent se dilater et suivre le départ du
soleil lointain, comme si son disque large et brillant allait emporter dans sa fuite leur dernier jour de bonheur.
Juan regardait Haydée comme pour l'interroger sur son
destin ; elle se tourna vers lui et sourit, mais de cette
manière qui ne fait pas sourire les autres. »

M. A. Ménard avait, en outre, exposé une multitude
de petites esquisses plus ou moins avancées, qui, toutes,
se distinguaient par la correction, et dont plusieurs ne
manquaient pas d'une certaine grâce. Nous eussions cependant préféré ne les pas voir sortir de l'atelier de l'artiste. Que M. Ménard se défie de l'abondance stérile si facile à confondre avec la richesse de l'imagination. Les extrêmes se touchent. Moins de maquettes, M. Ménard,
moins de ces trop faciles appels à votre talent plein d'a-
venir ; plus d'œuvres sérieuses et profondément pensées.

Votre *Gilbert*, si admirable de simplicité, de pose et d'expression, et devant lequel, suprème éloge, on peut relire sans crainte ces vers que l'infortuné poète murmurait en expirant comme le chant du cygne :

> Salut, champs que j'aimais, et vous, douce verdure,
> Et vous riant exil des bois!
> Ciel, pavillon de l'homme, admirable nature,
> Salut pour la dernière fois!

Votre Gilbert est dans les plus précieuses impressions de notre mémoire pour nous rappeler, ainsi qu'à vous-même, de quoi vous êtes capable.

M. *Suc*, dont nous devons maintenant parler, est un sculpteur de grand mérite; c'est un des rares artistes de province dont la critique parisienne daigne s'occuper, et sa *Mendiante bretonne* a laissé de longs souvenirs dans le monde des artistes et des amateurs. Pourquoi cependant cette œuvre qui date de plusieurs années est-elle encore, de l'aveu de tous les juges impartiaux, la meilleure qui soit sortie de la main de M. Suc? C'est que là, par un rare bonheur, il avait, dans ce sujet si simple, où l'expression d'une tristesse ingénue venait comme d'elle-même se présenter au ciseau de l'artiste, trouvé la vraie voie de son talent. Pourquoi, si souvent, veut-il en sortir? M. Suc a manqué, croyons-nous, de ces études premières de l'atelier que rien ne peut complètement remplacer, surtout lorsqu'on veut aborder la sculpture de style, la sculpture historique. Qu'il laisse donc à Pradier, par exemple, le soin de doubler, dans la reproduction des grâces et des nudités féminines, l'œuvre de Canova, et à quelque hardi jouteur, comme serait David d'Angers, le soin de se mesurer avec Michel Ange pour modeler un Moïse ; qu'il s'attache à des sujets plus simples : capable , comme il l'est , d'y mettre toute l'expression , tout le sentiment nécessaires , il créera de nouveaux chefs-d'œuvre , il captivera , il entraînera tous les suffrages. Ainsi donc , M. Suc , de grâce et dans votre intérêt , ne visez plus au style , vous n'êtes pas le premier que cette manie ait perdu.

Nous nous souvenons d'avoir vu de vous, il y a quelques années , une ravissante statuette de la *Mélancolie*. Cette figure n'avait rien , en aucune façon , qui rappelât , de près ou de loin , ni le style grec , ni Michel-Ange , ni Jean Goujon. Le moindre écolier frais sorti remoulu des bancs de l'École des Beaux-Arts aurait pu , en retroussant sa moustache , critiquer justement tel bout de draperie , telle inflexion du bras ou du torse , du moins au point de vue de ces doctes et traditionnelles leçons qu'on reçoit dans la rue des Petits-Augustins. — Mais qu'importe? Cette figure, presque entièrement et chastement voilée , était empreinte si puissamment de ce doux et vague sentiment de tristesse qu'on désigne sous ce nom si mélodique de mélancolie, que tandis que plus de 500 statues de saints , de saintes , d'hercules , de flores , de naïades et de plus ou moins grands hommes , nous sont , depuis ce temps , passées sous les yeux sans laisser nulle trace dans notre mémoire et notre cœur, votre statuette, M. Suc, y est demeurée présente. — Eh ! bien, il nous souvient aussi qu'à peine cette jolie œuvre avait-elle obtenu le plus légitime succès, vous fûtes repris d'un accès de votre maladie. Votre statuette, charmante figure de boudoir ou de cabinet d'amateur, s'accrut dans les proportions de la Vénus de Milo, ses pudiques draperies se baissèrent, son voile s'écarta, le nu classique apparut, et la statue fut prendre place à l'exposition du Louvre, au milieu de 100 œuvres qui valaient mieux au point de vue des grands principes classiques, et contre lesquelles elle ne pouvait même plus lutter comme expression; car la mélancolie elle-même, oh! la mélancolie avait disparu; elle n'existait plus que dans le livret, je me trompe... et dans votre statuette.

Est-ce à dire cependant que la statue de *Moïse*, traitée avec recherche, avec conscience, avec persévérance, soit une œuvre sans mérite? Non, certes; cette statue est digne d'estime à bien des égards. Les nus, surtout, en sont généralement beaux, tout à la fois modelés sur la nature et modifiés d'après les traditions de l'antique. Mais la pose de cette statue ne manque-t-elle pas de véritable dignité? Dans cet homme qui semble avoir préparé son rôle d'initiateur et venir, en se drapant, le jouer devant le peuple, je ne reconnais point cette sublime figure biblique, ce grand législateur n'ayant pour seul témoin de ses conversations avec l'Éternel que la foudre et les éclairs. La tête, surtout, est d'une grande vulgarité. La pensée y manque, et ce n'est point étonnant, car le crâne est absent pour la loger. Que me font et cette baguette et ce veau d'or, et cette colonne hermétique? Michel-Ange, lui, s'est passé de tout cet attirail, seulement il a signé sa statue de son nom. . . et de son génie!

Nous préférons au Moïse, la gracieuse statuette de l'*Innocence*. Le sujet, plus simple et plus naïf, convenait mieux a la nature du talent de M. Suc ; une jeune fille a rencontré sous ses pieds un petit serpent qui vient d'expirer ; elle le ramasse, et frappée de l'éclat de ses jolies écailles brillantes au soleil, elle serre l'animal contre son cœur avec une joie enfantine. Mais, soudain, quel effroi ! ce serpent est-il bien mort ? Elle le met sur son cœur..... s'il allait la piquer ! Ce double sentiment de désir et de crainte, cette ingénieuse allégorie de ces premiers frémissements d'un cœur de quinze ans, qui s'ignore et se cherche, qui tantôt s'élance au-devant de la jeunesse, et tantôt, dans sa pudicité, s'effraie de la découverte des tendres mystères qu'elle lui promet, et voudrait s'abriter encore dans les simples joies de son enfance, sont très-bien exprimés dans l'attitude générale de la statuette de M. Suc. Nous pouvons louer encore l'ondoyant des lignes, l'intention dans le choix des formes, l'habileté du ciseau dans quelques parties. — Mais l'élévation et la distinction de caractère et d'expression font encore ici défaut, et de cette lutte désespérée avec l'art antique, il n'est sorti d'apparent, pour nous, qu'une œuvre digne, à bien des égards, de trouver l'entrée du cabinet de quelque riche amateur de notre cité, mais dans laquelle, après tout, M. Suc ne se montre qu'un timide contrefacteur des Canova, des Thorwaldsen, des Bosio et des Pradier, dont cependant, hélas ! toutes les œuvres réunies n'atteindraient point aux genoux de la Vénus de Milo. Ah ! M. Suc, nous vous le disons amicalement et sincèrement, vous faites fausse route depuis quelques années, vous avez plusieurs revanches à prendre ; dans l'intérêt de votre gloire, non moins que dans celui de nos propres jouissances, refaites-nous bien vite des mendiantes bretonnes et des petits aveugles ! Plus habile praticien aujourd'hui que lors de vos premiers et éclatants débuts, vous pourrez, dans ce genre, obtenir de nouvelles palmes que nul ne songera à vous contester.

En outre de ces deux statues, M. Suc avait exposé quelques bustes. C'est un genre dans lequel cet artiste réussit merveilleusement ; observateur minutieux et habile à saisir le jeu des physionomies, il n'est pas ici obligé de courir après un idéal qui souvent lui échappe, et qu'il n'atteint jamais mieux que lorsqu'il s'inspire naïvement de la nature. Si, parmi les divers bustes exposés par notre sculpteur, un seul, celui de Mlle *Masson*, a paru généralement manqué, nous ne pouvons attribuer cette exception, dans la galerie déjà si nombreuse de M. Suc, qu'à une volonté trop absolue, et que nous ne saurions blâmer, d'exprimer sur le front de notre célèbre *prima-dona*, dont Paris a consacré la gloire en continuant nos applaudissements, un reflet de cette auréole qui venait l'illuminer, alors qu'excitée et par l'inspiration de la musique et par les applaudissements du public énivré, l'admirable actrice sentait toutes ses facultés portées à la suprême puissance, s'oubliait-elle même, et toute à son rôle, ne le parlant plus, ne le chantant plus, ne le jouant plus pour ainsi dire, mais toute identifiée avec lui, le créait ! — le but a passé l'effort. — L'esprit moins rempli des souvenirs de Léonore, d'Odette, de Catarina, de Rachel, et simplement préoccupé de rendre telle qu'elle se présentait à lui dans le terre-à-terre de l'atelier, Mlle Masson, c'est-à-dire une belle et intelligente femme, M. Suc eût, à coup sûr, fait un buste digne d'elle, digne de lui, et peut-être, à son insu, eût-il, en modelant ses yeux, rencontré sous son ébauchoir quelque chose de cet éclat si singulier, de cette expression si pénétrante que nous n'avons aucuns oubliés.

Que voici bien, au contraire, notre habile chirurgien, l'original et spirituel M. *Lafont* ! Ici, M. Suc, vous n'avez pas longtemps cherché, j'en réponds, et bien vous en a pris, car vous avez fait un excellent buste.

Et le Napoléon du piano, que c'est bien lui encore ! Que vous avez bien saisi sur le fait, maître Suc, cette physionomie où viennent se confondre, dans un si original mélange, le type de l'écolier et de l'homme de génie. L'écolier, je le retrouve dans ce costume à peine attaché, dans ces cheveux en désordre, dans cette bouche railleuse, si heureuse d'avoir lancé un lazzi. Le génie, il est sur ce front largement développé et dans ces yeux, surtout, d'une expression si profondément mélancolique. Il est dans cette simple attitude d'un homme distrait et qui, pendant qu'il vous fixait, ne vous voyait pas, pendant qu'il répondait à vos questions avec lucidité, ne s'écoutait pas lui-même parler, et vous eût ensuite juré qu'il n'avait pas ouvert la bouche, mais entendait résonner à ses oreilles d'harmonieux accords et d'ineffables mélodies. M. Suc a donné, dans ce beau buste, le meilleur, sans comparaison, qui ait été fait de l'illustre compositeur, un magnifique pendant à son buste d'*Herschel*, qui, lui aussi, tandis qu'il vous fixe et que vous croyez qu'il vous parle, écoute la voix, non de la muse de l'harmonie, mais du régulateur des mondes qui lui révèle les lois de la Gravitation universelle, et comment ces clous d'or de la voûte des cieux la soutiendront sur nos têtes jusqu'au jour marqué par sa justice.

Est-ce une indiscrétion, nous ne le pensons pas, de parler ici, en achevant la revue de la sculpture, d'un buste qui, sans aucun doute, eût partagé avec ceux de M. Sue, les suffrages du public, et eût excité, en faveur de celle dont il offrait les traits, les témoignages d'une douloureuse sympathie. Ce buste, dû au ciseau exercé de M. *Grootaers fils*, est celui d'une jeune femme, M.ᵐᵉ *Arthur Berryer*, née de Grandville, ravie dans la fleur de l'âge à l'amour de ses proches. Un plâtre moulé sur ses traits déjà défigurés par la mort, un faible croquis et les souvenirs d'un époux, ont été les seules ressources dont M. Grootaers ait pu se servir pour réaliser un buste aussi ressemblant de traits que de gracieuse physionomie. Cependant, et c'est ici qu'éclate l'intelligente habileté du sculpteur, ce portrait d'une femme si jeune et si souriante a quelque chose qui impressionne quoi qu'on en ait, quelque chose qui saisit le cœur, et du cœur fait monter une larme dans notre paupière.

> On dirait que la vie à la mort s'y mélange,
> Quel germe destructeur, sous l'écorce agissant,
> A si tôt défloré ce fruit adolescent ?

Hélas ! la réponse à ces beaux vers du poète Barthélemy se trouve dans les caveaux de Schœnbrunn. Là, sur le cercueil d'un noble jeune homme, d'un prince, du duc de Reichstadt, on lit :

> *Ætate omnibus ingenii corporis que*
> *Dotibus florentem*
> *Pthysis tentavit,*
> *Tristissima mors rapuit.*

Notre travail est terminé, trop tard pour avoir pu servir de guide à la foule, et ce sont de ses avis, au contraire, dont nous nous sommes rendu plus d'une fois l'interprète. Mais si, chemin faisant, nous avons pu, sans trop blesser l'amour propre d'aucun de nos artistes, leur donner quelques conseils profitables à leurs progrès et aux intérêts de leur gloire, nous n'aurons pas tout-à-fait perdu notre peine. Il est encore temps, d'ailleurs, pour, après avoir ainsi constaté combien l'art est en bonne voie parmi nous, rechercher comment la ville et le département pourraient venir au secours de ceux qui le cultivent et qui, presque tous par l'honneur de leur conduite, non moins que par leur talent, ont droit à toute notre sympathie.

Quant à nous, tout amour propre à part pour l'alignement de nos phrases, nous sommes prêts à raturer tout le préambule de ce rapport, si, confirmant sa théorie par la pratique, M. le Préfet peut se porter fort pour obtenir de son Conseil général, sur son prochain budget, seulement 25 à 30,000 francs pour secourir nos pauvres artistes. Leurs œuvres antécédentes sont là pour témoigner de quoi ils sont capables, et les édifices ne manquent pas, ni à Nantes, ni dans les autres villes du département, pour les mettre à même, en gagnant honorablement le pain de leur famille, de doter nos cités de nouveaux chefs-d'œuvre.

Ici, à Nantes par exemple, sans parler de nos églises, généralement si pauvres et si nues, n'avons-nous pas deux édifices entiers, la Bourse et l'Hôtel-de-Ville, qui attendent en vain, depuis longtemps, la main de nos artistes? Quoi de plus froid à l'intérieur que les grandes murailles de la Bourse, dont les affiches de navire en partance et quelques cartes de marine varient seules de leur noir gribouillis l'aspect monotone et maussade? Quel magnifique emplacement, et que nos peintres seraient heureux et fiers d'y retracer les beaux faits de nos marins bretons, et plus spécialement de ceux que revendique le département ! Les exploits des vainqueurs de Carthagène et du Port-Mahon, de Cassart et de la Galissonnière, n'auraient-ils pas le don d'échauffer la verve patriotique de nos artistes?

Pourquoi, à l'Hôtel-de-Ville, ne chercherait-on pas à réformer, au moins en partie, la collection des portraits des maires de Nantes, qui fut dispersée au moment de la Révolution? Pourquoi n'y joindrait-on pas les portraits des illustres architectes Portal, Boffrand, Rousseau, Ceineray, Crucy, auxquels nous devons tant de beaux édifices ; et, certes, on ne saurait non plus oublier ce généreux citoyen, M. Graslin, qui créa, pour ainsi dire, une ville neuve près de l'ancienne. Pourquoi encore, dans une nouvelle salle d'honneur, plus vraiment digne d'une cité de 100,000 âmes, quelques belles toiles ne rappelleraient-elles pas les plus intéressants souvenirs de notre histoire locale ? — Ainsi, par exemple, Alain Barbe-Torte, vainqueur des Normands, se frayant un chemin avec son épée à travers les ruines, pour monter à la Cathédrale, suivi de ses glorieux compagnons d'exil, pour remercier Dieu de sa victoire; — ou encore, Henri IV, signant ce célèbre édit de tolérance que Louis XIV eut la coupable faiblesse de déchirer.

Ne pourrait-on exciter la plus noble émulation entre tous nos jeunes lycéens, en retraçant dans la grande salle du Collège les portraits, et, à leur défaut, les noms, entourés de lauriers, des hommes illustres dans les sciences, les arts ou les lettres, que notre département s'enorgueillit d'avoir produits? Tels Jean Roscelin, le célèbre fondateur, au XIe siècle, de la secte des *nominaux* ; Abélard, son illustre partisan ; Jehan Meschinot, maître d'hôtel de la reine Anne, et auteur d'un volume de poésies , non sans mérite : *Les Lunettes des Princes* ; Alain Bouchard, notre plus vieil historiographe ; René le Pays, un moment le rival de Voiture, plus connu, peut-être, par le vers de Boileau

Le Pays, sans mentir, est un bouffon plaisant.

que par son poëme des *Amitiés*, *Amours et Amourettes* ; Charles Errard, peintre distingué, l'ami de Poussin, et successivement directeur des académies de peinture de Paris et de Rome ; Pierre Bouguet, savant célèbre, qui eut l'honneur d'être choisi avec Godin et la Condamine pour aller au Pérou déterminer la figure de la terre ; René de Bruc-Montplaisir, une des plus jolies fleurs du parterre poétique de la France ; Marc de la Croze, illustre orientaliste ; Desforges-Maillard, aimable poète auquel Voltaire écrivait :

Toi, dont la voix brillante a volé sur nos rives,

Grimaud, célèbre professeur de médecine à Montpellier, et qui, le premier, mit en avant les doctrines physiologiques que développèrent depuis Bichat et Richerand ; Nicolas Travers, érudit historien de nos annales ecclésiastiques ; Bacqua, le grand chirurgien, surnommé le Desault nantais; François Cacault, ambassadeur à Rome et amateur distingué des beaux-arts ; Édouard Richer, charmant littérateur descriptif; Mme Dufresnoy et Elisa Mercœur, poètes dont les accents ont ému tous les cœurs; plusieurs autres encore, dont la liste serait trop longue. — Enfin, dans quelques salles de notre vieux Château, de quel intérêt il serait de reproduire les traits des princes il-

lustres qui l'ont habité : de François II entre autres, et de sa
fille Anne de Bretagne ; puis, encore, des principaux gou-
verneurs de Nantes, des plus fameux capitaines nés dans
notre comté, tels que le connétable de Clisson, Lanoue
Bras-de-Fer, Henri de Rohan, auxquels nos fils ajoute-
raient ceux de Bedeau et de Lamoricière. Ne pourrait-on
pas y ajouter encore les portraits des grands personnages
qui, dans ces murs, reçurent de nos ancêtres la plus magnifique hospitalité : tels que ceux de Marie Stuart, de Charles
IX, d'Henri IV, de Marie de Médicis, de Gabrielle d'Estrées,
de Louis XIII, de Louis XIV et de Jacques II d'Angleterre ;
— et, ne fût-ce qu'à titre de souvenirs historiques, ne
pourrait-on pas compléter cette galerie en reproduisant
aussi les traits du maréchal de Retz, du comte de Chalais,
de M. de Pontcalec et de ses compagnons, tous prisonniers
dans le Château, et qui n'en sortirent que pour marcher au
supplice ; du cardinal de Retz, qui y fut aussi retenu et s'en
échappa d'une façon si ingénieuse comme chacun sait, enfin,
du surintendant Fouquet, qui fut arrêté comme il en sortait
pour se rendre à la Cathédrale ?

C'est, selon nous, ainsi que nos monuments double-
raient d'intérêt, et ne ressembleraient plus à des sépulcres
blanchis ; c'est ainsi que le peuple, en les visitant, ap-
prendrait par la mémoire des yeux, la meilleure, parce que
des yeux elle pénètre bien vite dans l'imagination, et de là
au cœur, les souvenirs de sa vieille province. Il s'anime-
rait à bien faire à la vue des grands hommes, et si, dans
ces prisonniers que nous avons cités, il se trouve des coupables, il concevrait l'horreur de leurs forfaits, et en en-
tendant raconter leur supplice par le *cicerone* trouverait
encore une larme pour leur pardonner.

Que M. le Préfet d'ailleurs y songe ainsi que notre Maire, les Maires passent et les Préfets aussi, et surtout sur les vagues soulevées de l'océan politique, il est bien mal-aisé de diriger longtemps sa barque sans naufrage. Les plus fortes se brisent sur l'écueil des passions populaires. Mais ce qui reste et demeure, c'est la mémoire des actes honorables. Qu'un jour la postérité puisse attacher à leur nom le souvenir des principaux embellissements de notre cité! Que, dès aujourd'hui, il se fasse bénir de nos pauvres artistes comme une promesse de travaux dont ils puisssent tirer une légitime gloire, comme un gage de salut au milieu de souffrances, souvent d'autant plus cruelles, que l'amour-propre empêche de les révéler!

Un mot encore, et je termine. Bientôt les chemins de fer amèneront tous les jours dans nos murs des flots de voyageurs de toutes les contrées de l'univers. Quand on nous demandera en arrivant : Dans cette fameuse ville de Nantes, dans ce lieu de 100,000 habitants, se borne-t-on à colporter de la quincaillerie de France en Amérique, pour, d'Amérique, rapporter en France du coton et du bois d'acajou? Que, saisis d'un noble orgueil, nous puissions répondre à ce sarcasme en prenant par la main l'ironique voyageur, et le conduisant au milieu de nos édifices enrichis des chefs-d'œuvre de nos artistes, prononcer ce seul mot : Voyez!

B.^{on} DE WISMES.

Nantes, imprimerie de Mme veuve Camille Mellinet. — 45,753.